스마트한 생활을 위한  버전2

스마트폰 고급활용 테크닉

이 책의 구성

★ 들어가기
각 장마다 배우게 될 내용을 설명합니다.

★ 미리보기
각 장마다 배우게 되는 예제의 완성된 모습을 미리 확인할 수 있습니다.

★ 무엇을 배울까요?
본문에서 어떤 기능들을 배울지 간략하게 살펴봅니다.

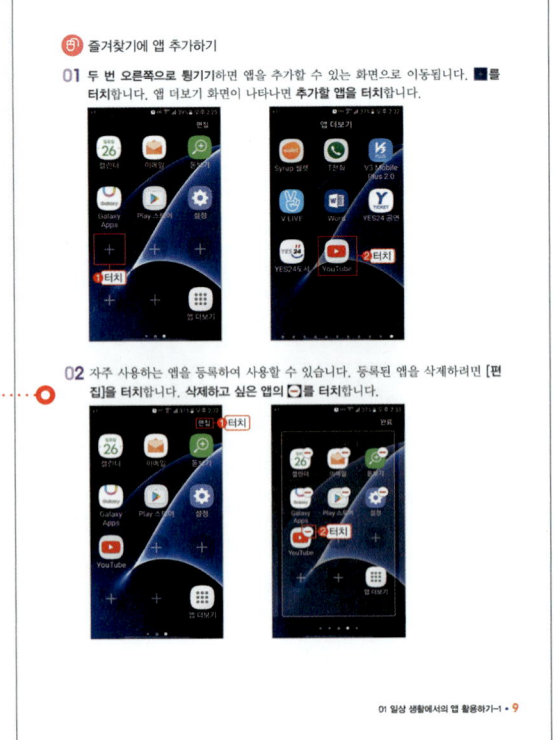

★ 따라하기
과정을 순서대로 따라하면서 쉽게 기능을 습득할 수 있습니다.

★ 배움터
본문에서 다루지 못한 내용이나 알아두어야 할 사항들을 추가적으로 설명합니다.

★ 디딤돌 학습
각 장마다 배운 내용을 토대로 한 번 더 복습할 수 있도록 응용된 문제를 제공합니다. 혼자 연습해봄으로써 실력을 다질 수 있습니다.

★ 도움터
혼자 연습해 볼 수 있도록 필요한 정보 또는 방법을 지원합니다.

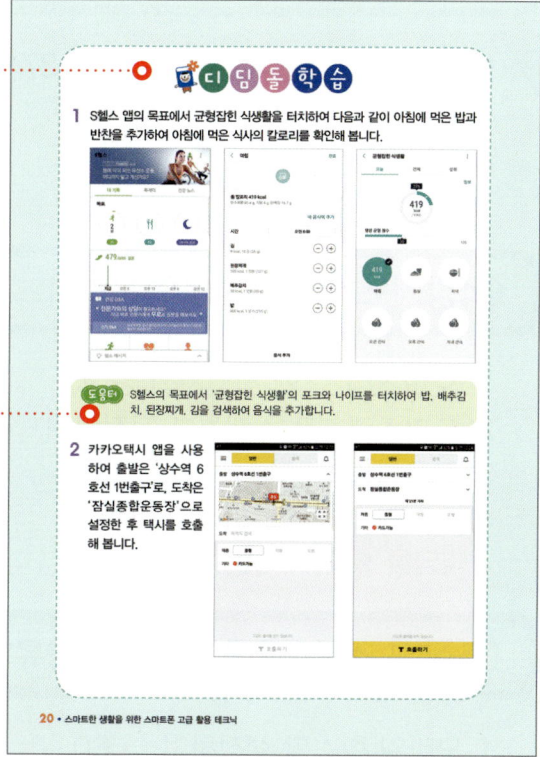

※ 스마트폰의 운영체제와 앱의 버전에 따라 과정의 차이가 있을 수 있습니다.

목 차

01장 | 일상 생활에서의 앱 활용하기-1

1. 쉬운 사용 모드로 변경하기 • 7
2. 'S헬스' 앱 설치하고 건강관리하기 • 11
3. '카카오 택시' 앱 설치하고 이용하기 • 16
* 디딤돌 학습 • 20

02장 | 일상 생활에서의 앱 활용하기-2

1. '네이버 사전 & 번역기' 앱 설치하기 • 22
2. 각국 사전 사용 방법 알아보기 • 24
3. 각국 번역기 활용하기 • 30
* 디딤돌 학습 • 35

03장 | 일상 생활에서의 앱 활용하기-3

1. 가상현실과 증강현실 차이점 • 37
2. 증강현실 앱 설치하기 • 41
3. 증강현실 앱 활용하기 • 42
* 디딤돌 학습 • 45

04장 | 오피스관련 앱 활용하기

1. '오피스렌즈' 앱 설치하기 • 47
2. 오피스렌즈로 스캔하고 저장하기 • 48
3. 공유하기 • 51
4. SK 모바일 팩스 보내기 • 54
* 디딤돌 학습 • 58

05장 | 스마트폰을 와이파이 공유기로 사용하기

1. 모바일 핫스팟 설정하기 • 60
2. 다른 기기에서 내 스마트폰 모바일 핫스팟에 연결하기 • 62
3. 모바일 핫스팟 설정 변경하기 • 66
4. 블루투스 테더링으로 인터넷 접속하기 • 69
* 디딤돌 학습 • 72

06장 | 내 스마트폰 최적화하기

1. '시큐리티투데이' 앱 설치하기 • 74
2. 메모리 최적화하기 • 75
3. 배터리 관리와 불필요한 파일 정리하기 • 76
4. 악성코드 검사하고 앱 관리하기 • 80
* 디딤돌 학습 • 84

07장 | 메시지 고급 기능 사용하기

1. 그룹별 단체 문자 보내기 • 86
2. 예약 문자 보내기 • 89
3. 받은 메시지 전달하고 공유하기 • 91
4. 받은 메시지 보호하기 • 95
* 디딤돌 학습 • 98

08장 | 스마트폰 파일 관리하기

1. 내 파일에서 새 폴더 추가하기 • 100
2. 내 파일에서 이동, 복사, 삭제하기 • 102
3. 내 파일에서 파일이나 폴더 압축하기 • 107
4. USB로 파일 저장하기 • 111
* 디딤돌 학습 • 114

09장 | 스마트폰으로 즐기는 엔터테인먼트

1. MP3로 나의 벨 소리 설정하기 • 116
2. 개인별/그룹별 벨소리 다르게 설정하기 • 118
3. 악기 앱 설치하고 다양한 악기 연주하기 • 121
* 디딤돌 학습 • 129

10장 | 스마트폰 개인 정보 관리하기

1. 개인 연락처 등록하기 • 131
2. 명함 관리하기 • 135
3. 프라이빗 모드로 콘텐츠 숨기기 • 138
* 디딤돌 학습 • 144

01 일상 생활에서의 앱 활용하기-1

사용자에 맞게 스마트폰의 디스플레이를 꼭 필요한 기능만 보고 글자를 크게 설정하는 '쉬운 사용 모드'의 사용 방법에 대해 살펴보도록 하겠습니다. 더불어 'S헬스' 앱을 사용하여 건강 관리를 체크하고, '카카오택시' 앱을 사용하여 내가 있는 곳에 택시를 호출하여 목적지까지 도착하는 방법을 통해 좀 더 일상 생활을 편리하게 해 주는 앱의 활용 방법에 대해 알아보겠습니다.

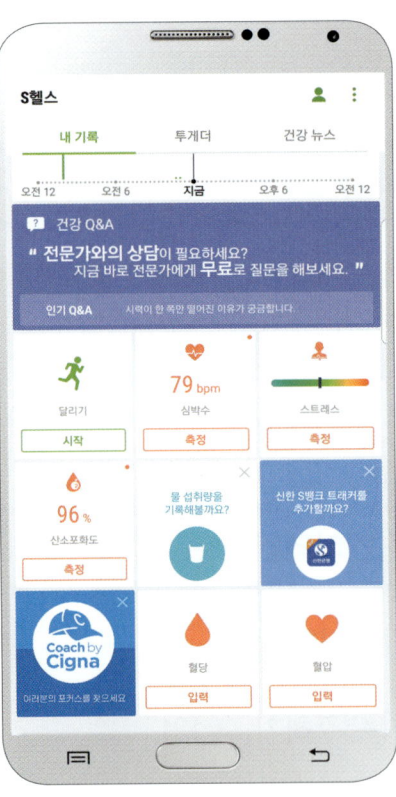

 무엇을 배울까요?

- ⋯ 쉬운 사용 모드로 설정 변경하기
- ⋯ 즐겨찾기 연락처 등록하기
- ⋯ 즐겨찾기 앱 등록하기
- ⋯ 'S헬스' 앱 설치하기
- ⋯ 건강 관리를 위한 목표 설정하기
- ⋯ '카카오택시' 앱 설치하기
- ⋯ 출발지와 도착지 설정하여 택시 호출하기

쉬운 사용 모드로 변경하기

홈 화면 간단하게 구성하기

01 홈 화면에서 [설정(⚙)] 앱을 터치합니다. 설정 화면에서 [디스플레이]-[쉬운 사용 모드]를 차례로 터치합니다.

  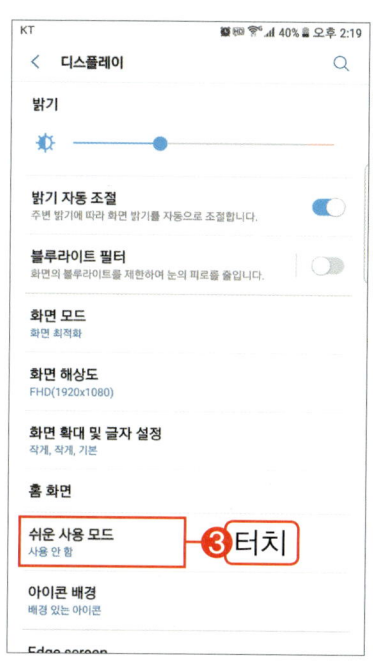

02 홈 화면과 앱을 더 손쉽게 사용할 수 있도록 [쉬운 사용 모드]를 선택한 후 [완료]를 터치합니다. 글자 크기와 앱이 커지고 필요한 기능만 단순하게 표시됩니다.

배움터 스마트폰 모델에 따라 '쉬운 사용 모드' 메뉴가 '이지 모드'로 되어 있는 경우도 있습니다.

즐겨찾기에 연락처 추가하기

01 **홈 화면을 왼쪽으로 팅기기** 하여 왼쪽 페이지로 이동합니다. 자주 거는 전화번호를 즐겨찾기할 수 있습니다. [**연락처 아이콘(**☺**)**]을 **터치**합니다.

02 [**기존 연락처에서 추가**]를 **터치**하면 등록해 둔 연락처를 선택하여 추가할 수 있습니다. 연락처 선택 페이지로 이동하면 **등록할 연락처를 선택**합니다. 등록된 연락처가 표시됩니다. 필요시에 등록된 연락처를 터치하여 바로바로 전화할 수 있습니다.

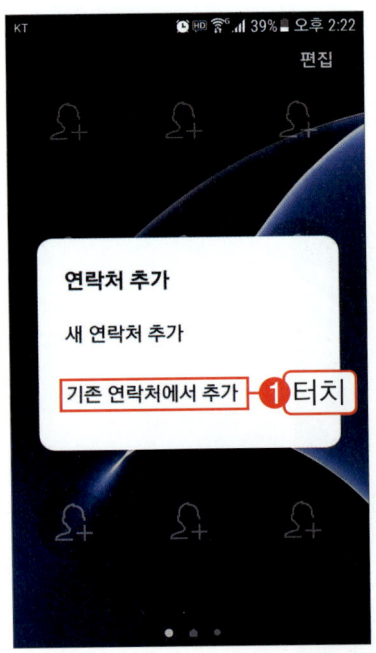 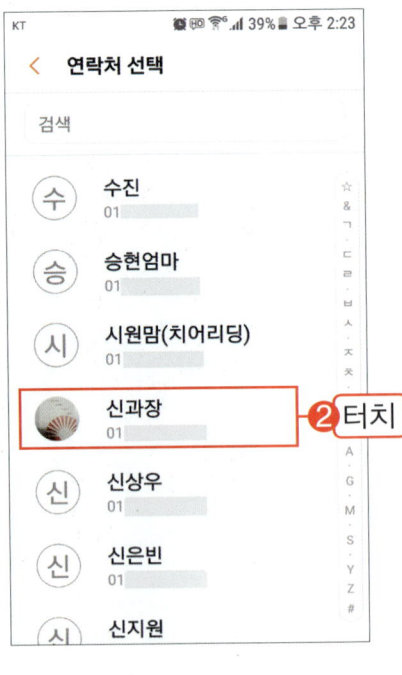 

> **배움터**
>
> 연락처 추가를 처음 사용할 때는 즐겨찾기 등록시 허용 여부를 물어볼 수 있으므로, '허용'으로 설정해 주어야 합니다.

즐겨찾기에 앱 추가하기

01 두 번 오른쪽으로 **튕기기**하면 앱을 추가할 수 있는 화면으로 이동됩니다. ➕를 **터치**합니다. 앱 더보기 화면이 나타나면 **추가할 앱을 터치**합니다.

 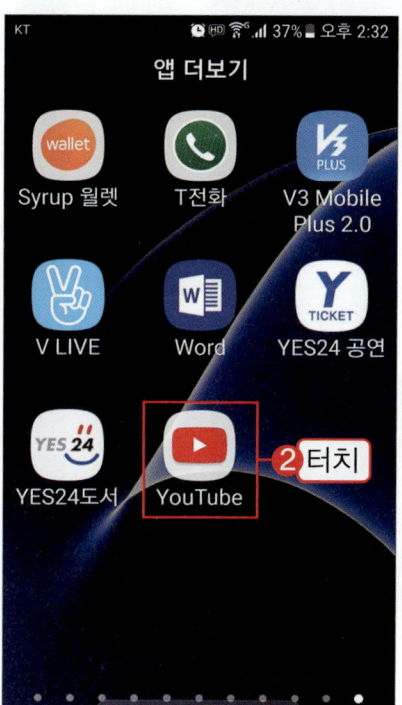

02 자주 사용하는 앱을 등록하여 사용할 수 있습니다. 등록된 앱을 삭제하려면 [**편집**]을 **터치**합니다. **삭제하고 싶은 앱의** ➖를 **터치**합니다.

03 홈 화면에서 바로가기를 삭제하겠냐는 알림창이 나타나면 [**삭제**]를 **터치**합니다. 작업을 완료하려면 [**완료**]를 **터치**합니다.

 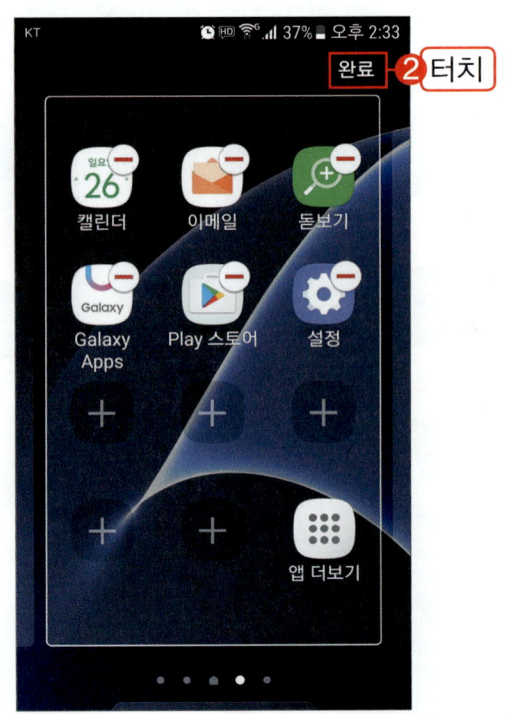

배움터 기본 모드 설정

홈 화면에서 [설정( )] 앱을 터치한 후 설정 화면에서 [디스플레이]-[쉬운 사용 모드]를 차례로 터치합니다. 모드 선택 화면에서 [기본 모드]를 선택하고 [완료]를 터치하면 글꼴 크기, 화면에 표시되는 항목의 크기가 기본으로 변경됩니다.

'S헬스' 앱 설치하고 건강관리하기

'S헬스' 앱 설치하기

01 홈 화면에서 [Play 스토어(▶)] 앱을 터치한 후 Play 스토어 페이지가 열리면 'Google Play' 검색창을 터치합니다.

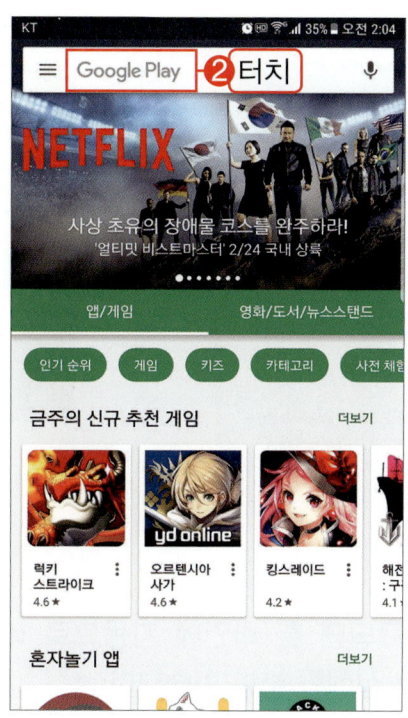

02 검색창에 's헬스'라고 입력하면 관련 앱 목록이 나타나는데, 목록 중에서 'S헬스'를 터치합니다. S헬스를 설치하기 위해 [설치] 단추를 터치합니다.

01 일상 생활에서의 앱 활용하기-1 • **11**

03 S헬스 앱의 설치가 완료되면 **[열기] 단추를 터치**하여 실행합니다. S헬스를 시작하기 위해 **[시작]을 터치**합니다.

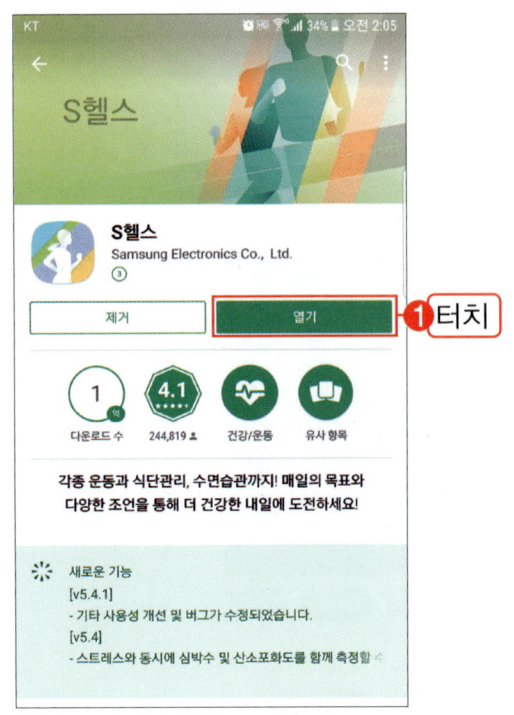 

> **배움터**
>
> S헬스의 설치가 완료되면 홈 화면에 자동으로 바로 가기가 추가되므로, 홈 화면에서 [S헬스( )] 앱을 터치하여 실행할 수도 있습니다.

04 S헬스에 관련된 마케팅 정보 푸시 메시지에는 동의를 선택하지 않고, **약관에 동의한 후 [다음]을 터치**합니다. 삼성 계정이 있는 경우에는 [로그인]을 터치하여 로그인하고, 그렇지 않은 경우에는 **[건너뛰기]를 터치**합니다. S헬스가 실행됩니다.

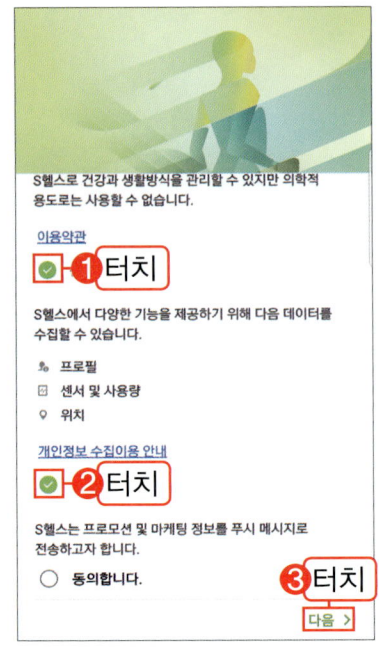  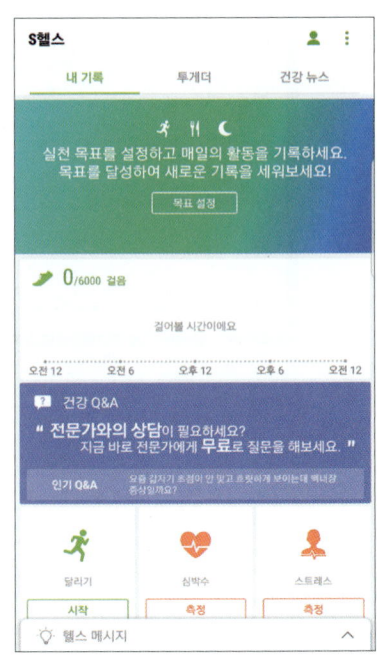

'S헬스'로 건강 관리하기

01 운동 및 식습관, 수면 패턴과 같은 생활 패턴을 체크하여 건강 관리를 해주는 앱입니다. 먼저 프로필을 설정하기 위해 오른쪽 상단의 👤를 **터치**하여 나의 **프로필을 설정**하고 설정이 끝나면 ❮를 **터치**합니다.

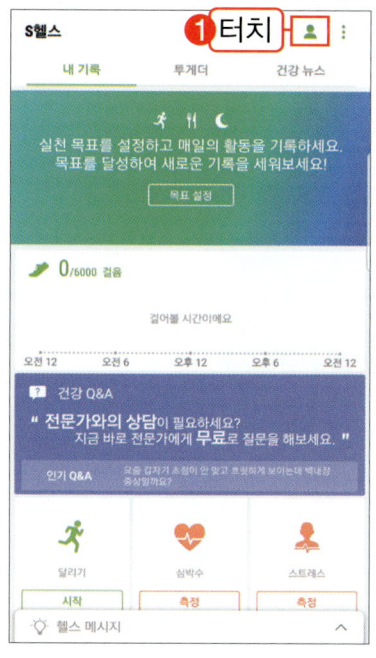
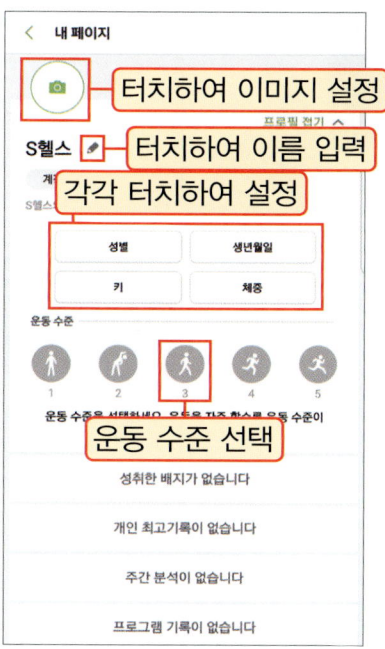

02 건강한 생활 습관을 위해 먼저 목표를 설정해야 합니다. [목표 설정] 단추를 터치합니다. 프로필의 운동 수준에 맞게 추천해 주는 **일일 활동시간을 설정한 후** [다음]을 **터치**합니다.

03 칼로리와 수면 시간의 목표 설정은 **[건너뛰기]를 터치**하여 설정하지 않습니다. S헬스 홈 화면에는 '활동적인 하루'가 추가되었습니다.

04 걷거나 달렸을 때 자동으로 시간과 걸음수가 표시되고, 목표에 %로 도달했는지도 표시됩니다. S헬스를 실행하지 않아도 계속 걸음수와 시간이 체크되어서 '운동 인식 알림' 창으로 표시해 줍니다.

 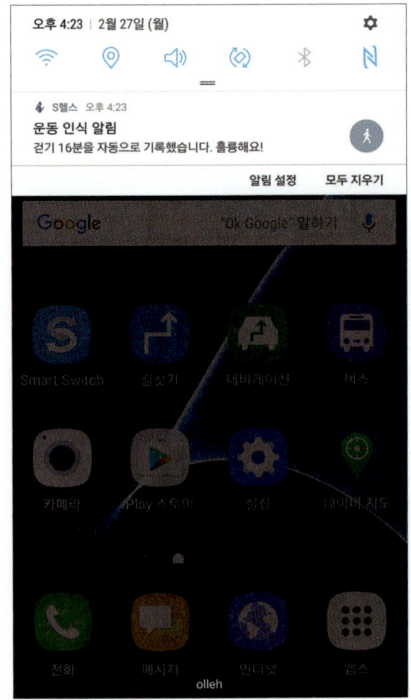

배움터

- S헬스 홈 화면의 오른쪽 상단 ⋮를 터치한 후 [항목 관리]를 터치합니다. [목표]를 터치하여 [균형잡힌 식생활], [규칙적인 수면 습관]을 각각 터치한 후 [시작] 단추를 터치하여 목표를 설정하면 S헬스에 목표가 추가되어 식생활과 수면 패턴도 기록하여 관리할 수 있습니다.

  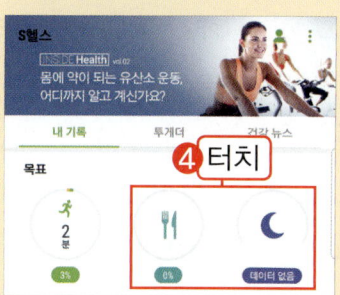

- S헬스 홈 화면의 오른쪽 상단 ⋮를 터치한 후 [항목 관리]를 터치합니다. [트래커]를 터치하여 [혈당]과 [혈압]을 활성화하면 S헬스 홈 화면에 추가됩니다. [혈당] 및 [혈압]의 [입력] 단추를 터치하여 매일 혈당과 혈압을 기록하여 관리할 수 있습니다.

  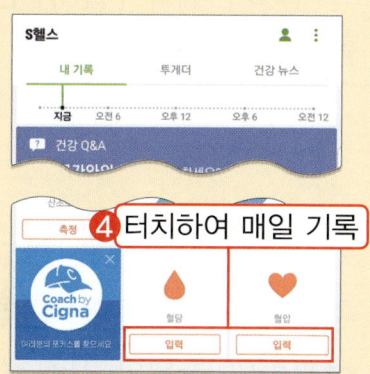

- 최신폰의 경우 [심박수], [스트레스], [산소포화도]의 [측정] 단추를 터치하여 S헬스의 센서 데이터 접근을 허용하면 폰 뒤쪽의 센서에 손을 대고 바로 측정할 수 있습니다.

 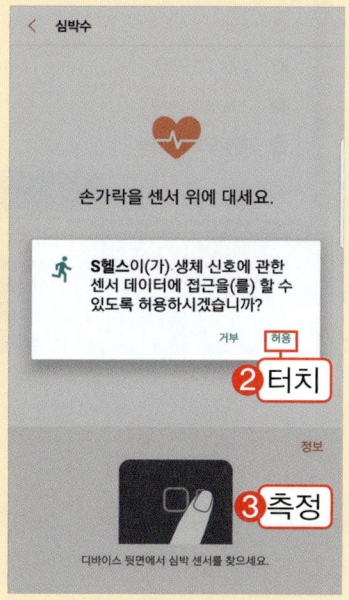 

01 일상 생활에서의 앱 활용하기-1 • 15

03 '카카오택시' 앱 설치하고 이용하기

 '카카오택시' 앱 설치하기

01 홈 화면에서 [Play 스토어()] 앱을 터치한 후 Play 스토어 실행되면 'Google Play' 검색창에 **'카카오택시'**라고 **입력**합니다. 관련 앱 목록이 나타나면 그 중 **'카카오택시KakaoTaxi'**를 **터치**합니다. 카카오택시를 설치하기 위해 [설치] 단추를 터치합니다.

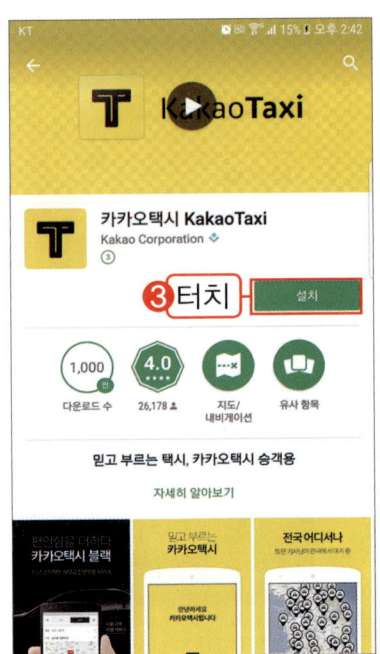

02 카카오택시 사용에 필요한 항목에 대해 [동의] 단추를 **터치**하여 동의합니다. 카카오택시의 설치가 완료되면 [열기] 단추를 **터치**합니다.

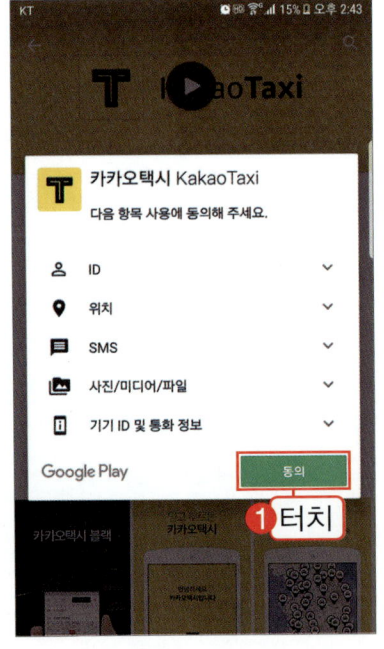
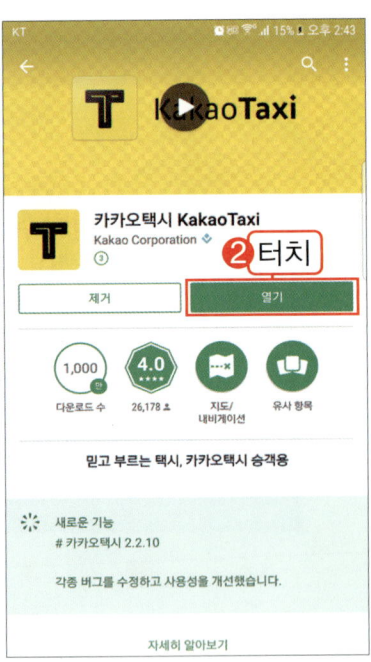

배움터

카카오택시의 설치가 완료되면 홈 화면에 자동으로 바로 가기가 추가되므로, 홈 화면에서 [카카오택시(T)] 앱을 터치하여 실행할 수도 있습니다.

택시 호출하기

01 카카오택시 앱이 실행되면 하단의 [**카카오계정으로 로그인**] 단추를 터치합니다. 이어서 [**카카오톡으로 간편로그인**]을 터치합니다.

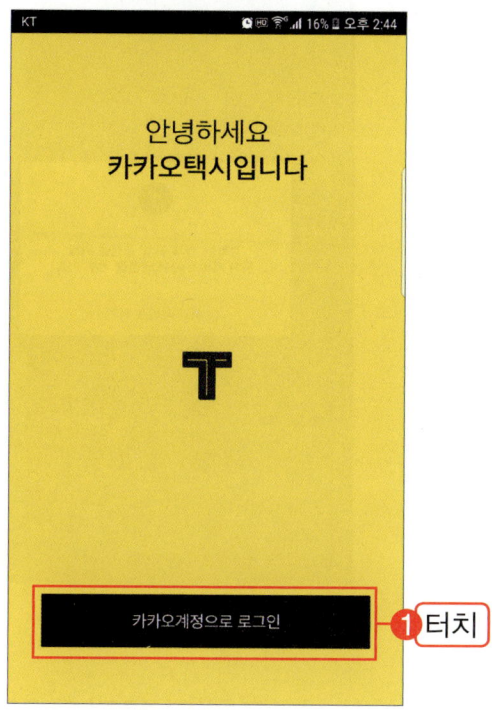

배움터

스마트한 생활을 위한 스마트폰 기초편에서 카카오톡 설치와 사용 방법에 대해서 설명하고 있습니다. [카카오톡으로 간편로그인]을 터치하면 별도의 가입 절차없이 로그인할 수 있습니다.

02 카카오택시의 '**출발**' 부분을 **터치**합니다. '출발지 검색'에서 특정 장소를 검색하여 출발지로 설정할 수도 있지만, 여기에서는 [**현재 위치를 출발지로 설정하기**]를 **터치**하여 출발지로 설정합니다.

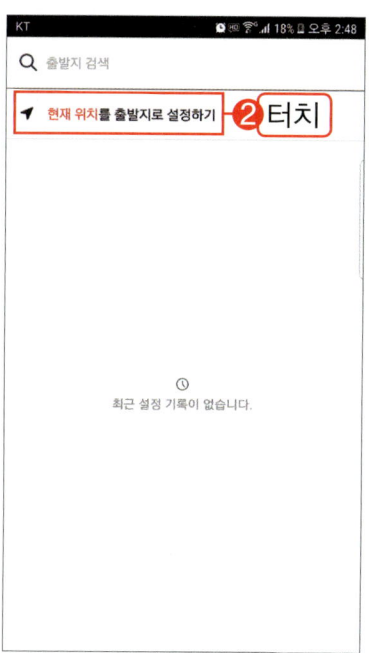

 **배움터**

[현재 위치를 출발지로 설정하기]를 터치하였을 때 위치 서비스 사용 권한이 꺼져 있을 경우 알림창이 나타납니다. [위치 서비스 켜기]를 터치하여 활성화 시켜야만 현재 서비스를 사용할 수 있습니다.

03 '출발'에 현재 사용자가 있는 곳이 표시되었는지 확인한 후 **'도착'의 목적지 검색 부분을 터치**합니다. 검색창에 **목적지를 입력**하여 검색한 후 검색된 목록 중 도착할 곳의 [도착] 단추를 터치합니다.

04 출발과 도착할 곳이 설정되었으면 **[호출하기]를 터치**합니다. 현재 위치를 다시 확인해달라는 창에 **[네] 단추를 터치**합니다.

 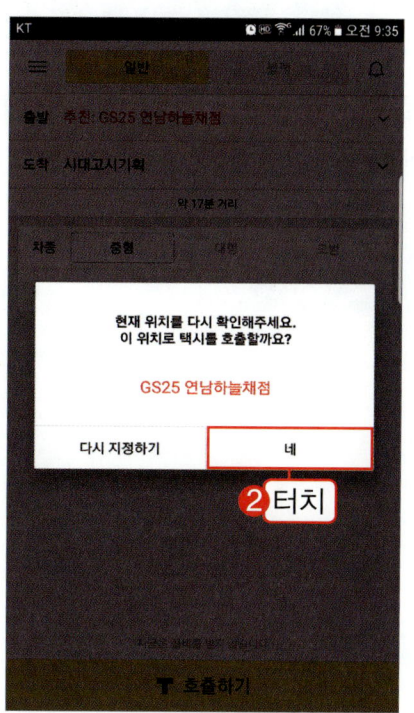

05 카카오택시를 호출한 후 연결되면 지도를 통해 택시가 출발하여 내가 있는 출발 장소까지 도착하는 시간을 확인하면서 기다릴 수 있습니다. 출발 장소에 연결된 카카오택시가 도착하면 번호를 확인한 후 승차합니다.

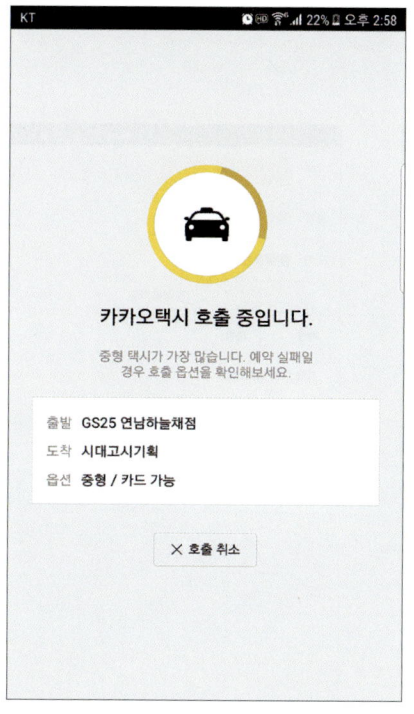 

1. S헬스 앱의 목표에서 균형잡힌 식생활을 터치하여 다음과 같이 아침에 먹은 밥과 반찬을 추가하여 아침에 먹은 식사의 칼로리를 확인해 봅니다.

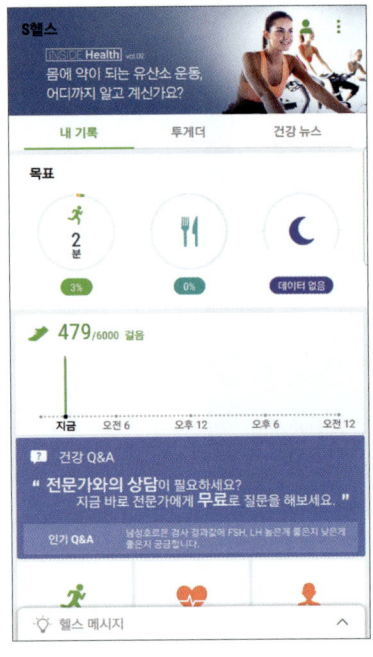

> **도움터** S헬스의 목표에서 '균형잡힌 식생활'의 포크와 나이프를 터치하여 밥, 배추김치, 된장찌개, 김을 검색하여 음식을 추가합니다.

2. 카카오택시 앱을 사용하여 출발은 '상수역 6호선 1번출구'로, 도착은 '잠실종합운동장'으로 설정한 후 택시를 호출해 봅니다.

 # 일상 생활에서의 앱 활용하기-2

글로벌 시대인 요즘 주변에서 자주 외국 사람을 만날 수 있습니다. 이럴 때 '네이버사전 & 번역기' 앱을 사용하면 일상 생활에서도 외국 사람과 대화를 나눌 수 있습니다. 모르는 단어를 찾아볼 수도 있고, 외국 사이트를 통째로 번역할 수도 있습니다.

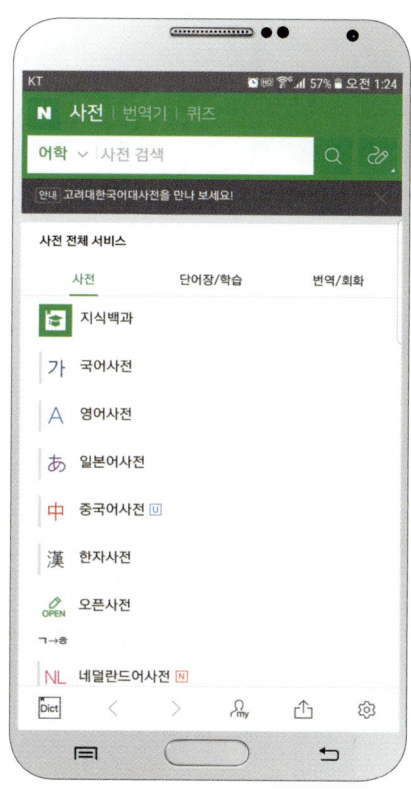 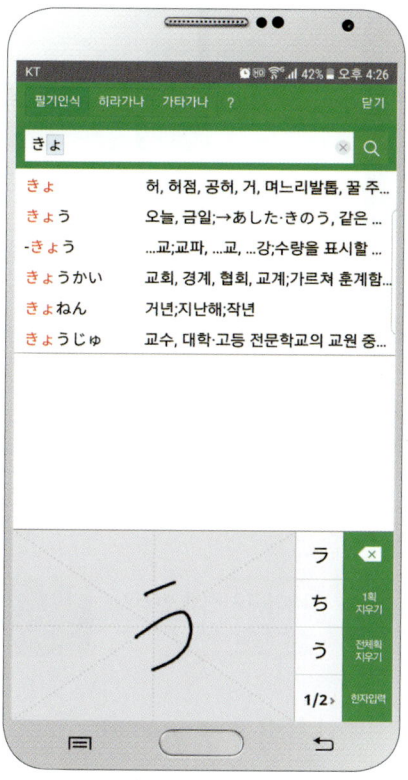 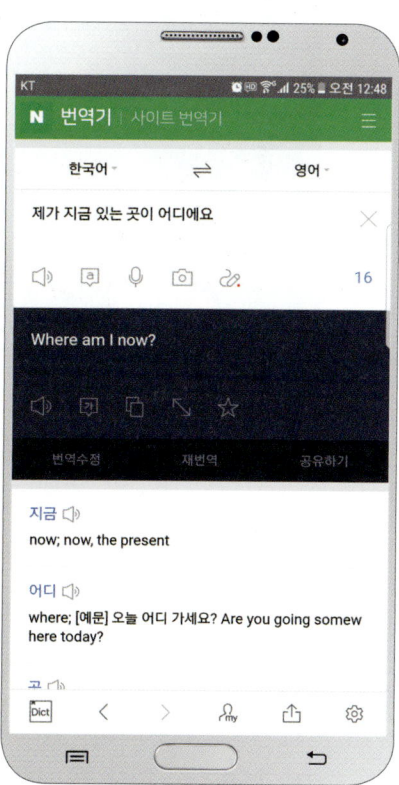

 무엇을 배울까요?

- '네이버 사전 & 번역기' 앱 설치하기
- 사전 홈과 마이 메뉴 설정하기
- 각국 언어 사전에서 한국어로 모르는 단어 찾기
- 필기인식기 사용하기
- 특정 알파벳 입력하기
- 사진 찍어서 뜻 찾기
- 번역기 사용하기
- 외국 사이트 번역하기

01 '네이버 사전 & 번역기' 앱 설치하고 사용하기

'네이버 사전&번역기' 앱 설치하기

01 홈 화면에서 [Play 스토어()] 앱을 터치한 후 Play 스토어가 실행되면 'Google Play' 검색창에 '네이버사전'이라고 입력합니다. 관련 앱 목록이 나타나면 그 중 '네이버 사전 & 번역기'를 터치합니다.

02 네이버 사전 & 번역기를 설치하기 위해 [설치] 단추를 터치합니다. 네이버사전 & 번역기 앱의 설치가 완료되면 [열기] 단추를 터치하여 실행합니다.

사전 사용하기

01 마이홈, 마이메뉴 선택 화면이 나타나면 원하는 사전을 사전 홈으로 설정하거나 마이메뉴에 추가나 제거할 **사전을 선택한 후 [완료]를 터치**합니다. 하단의 툴바에서 [마이메뉴(🧍my)]가 열리고 등록된 나만의 마이메뉴를 확인할 수 있습니다. **툴바에서 Dict 를 터치**하여 사전 홈으로 이동합니다. 사전 전체 서비스 중 **[국어사전]을 터치**합니다.

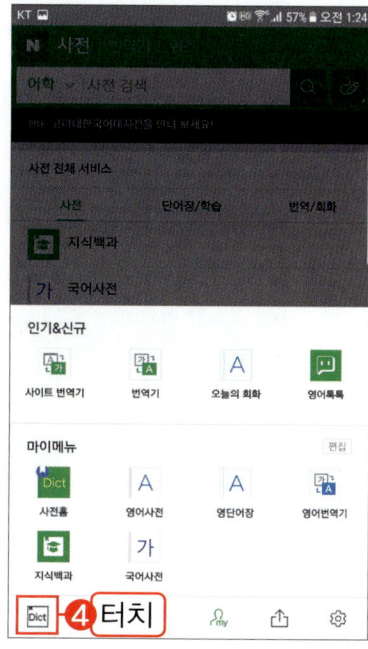
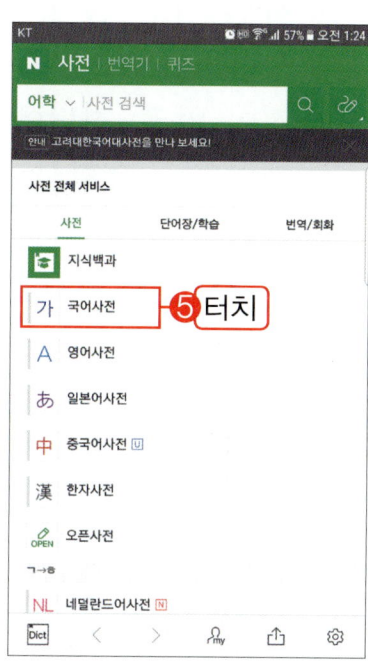

02 검색창에 검색할 **단어를 입력한 후 검색**합니다. 검색한 단어의 뜻과 예문, 본문에서 모르는 단어 뜻 바로보기를 할 수 있습니다.

02 각국 사전 사용 방법 알아보기

각국 사전에서 한국어로 검색하는 방법

01 홈 화면에서 [네이버 사전()] 앱을 **터치**하여 실행하면 사전 홈의 상단에는 사람들이 많이 사용하는 사전이 있고, 하단에는 30여 개의 각국 어학사전이 서비스되고 있습니다. 그 중 [**일본어사전**]을 **터치**합니다.

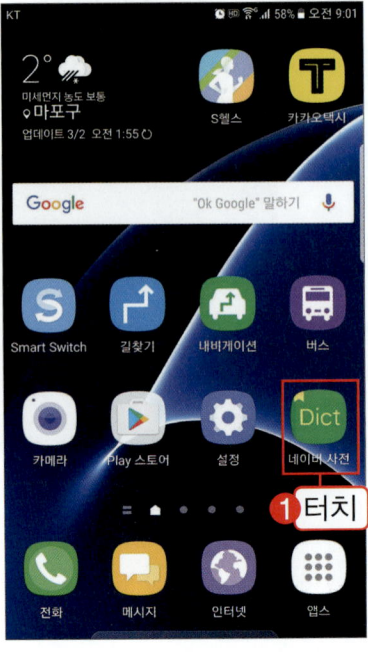

> **배움터**
> 네이버 사전에서는 현재 30여개의 언어를 제공하고 있으나, 사용자들의 요청에 따라 네이버에서 서비스하는 각국 어학사전은 신규로 추가될 수도 있고, 없어질 수도 있습니다.

02 상단은 오늘의 추천단어 소개와 하단은 사전 기능 소개나 팁으로 구성되어 있습니다. 검색창에 **한글을 입력하여 검색**하면 검색어에 해당하는 단어와 검색어가 활용되는 본문, 예문에서 검색어에 해당하는 일어를 들어볼 수 있습니다.

필기인식 방법

01 일본어사전 홈에서 [검색 옵션(あ)]을 터치한 후 [필기인식(✎)]을 터치합니다. 필기인식의 하단 우측의 [가나입력]을 터치하면 손글씨로 히라가나나 가타카나를 **직접 그릴 수 있습니다**. 우측에 **비슷한 글자가 나타나면 선택**합니다.

  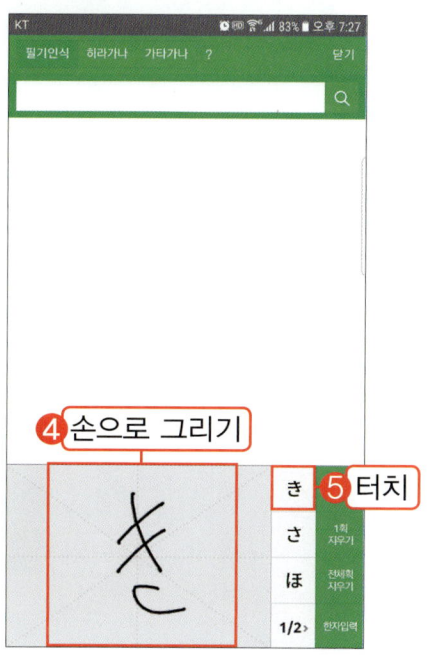

02 **검색할 단어를 완성하여 검색**합니다. 필기인식기에 연속해서 손글씨를 그리면 하단에 비슷한 글자가 추천되는데, **선택하여 검색**할 수도 있습니다.

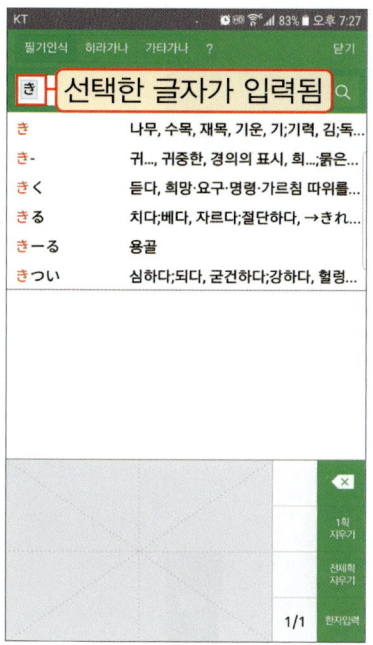 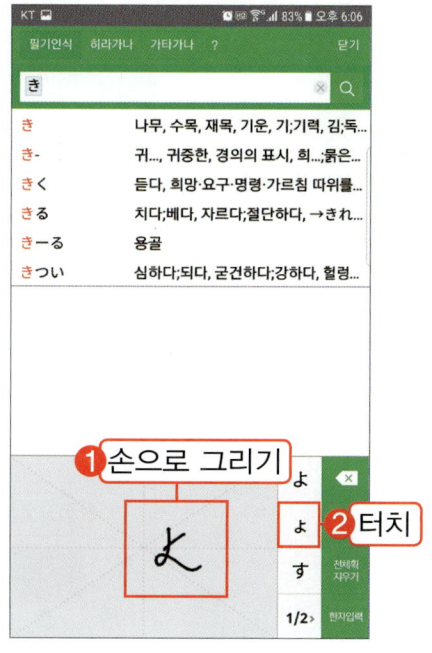 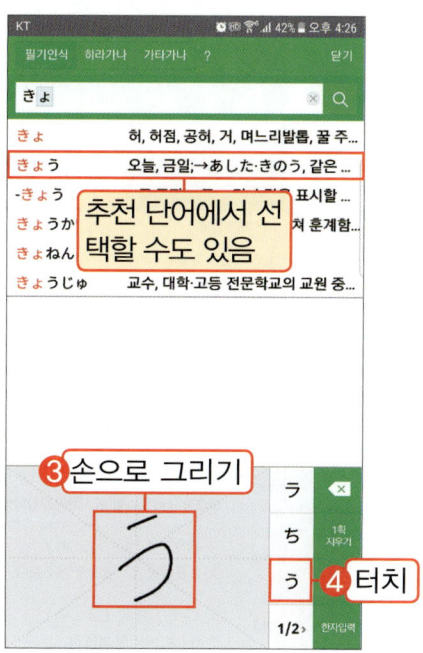

배움터 필기인식기로 모르는 한자 검색하기

필기인식의 하단 우측의 [한자입력]을 터치하면 손글씨로 한자를 입력합니다. 우측의 손글씨와 비슷한 한자가 표시되면 그 중 하나를 선택합니다. 해당 한자의 뜻과 음을 확인할 수 있습니다. 한자사전과 중국어사전의 필기인식기에서도 같은 방법으로 한자를 검색할 수 있습니다.

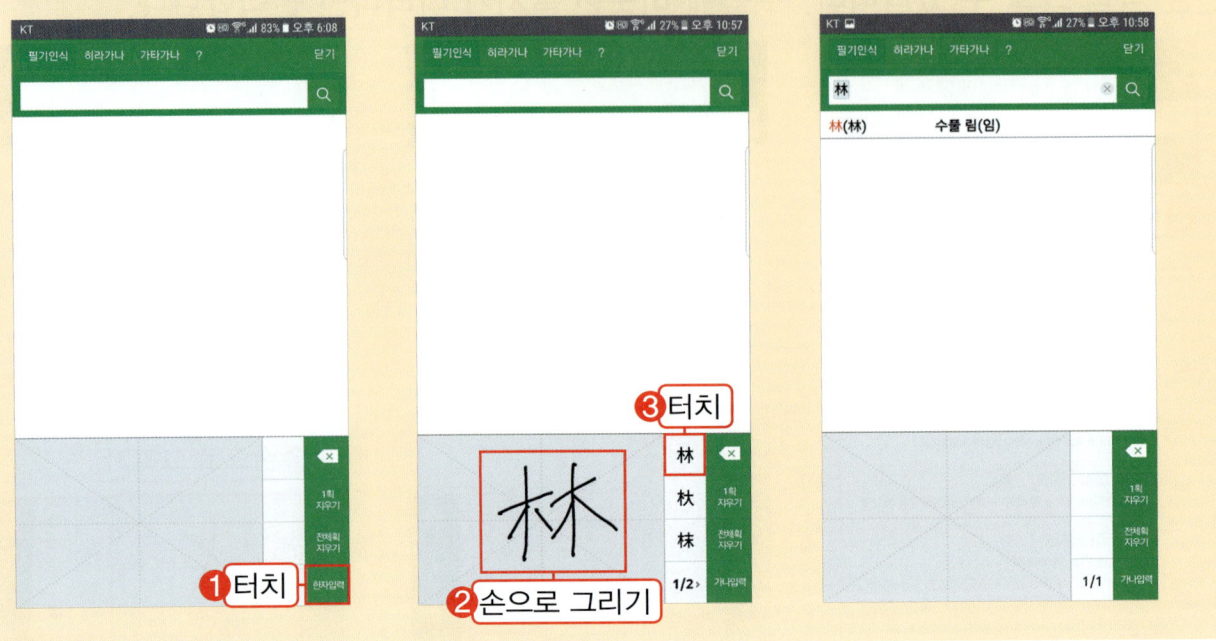

히라가나/가타카나 입력 방법

01 일본어사전 홈에서 [검색 옵션(あ)]을 터치한 후 [히라가나(あ)]를 터치합니다. 히라가나 표가 표시되면 원하는 히라가나를 차례로 터치합니다.

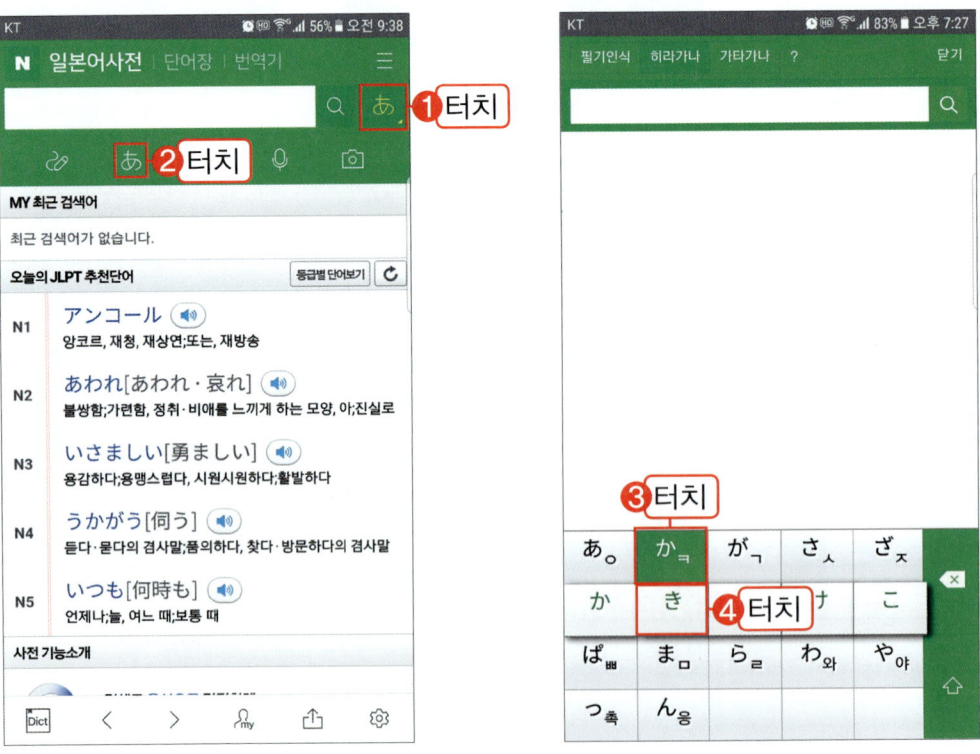

02 요음(히라가나 작은 글씨)을 입력하기 위해 히라가나 표 우측의 ⬆를 **터치**한 후 원하는 **요음을 터치**하고, 나머지 **히라가나도 터치하여 검색**합니다.

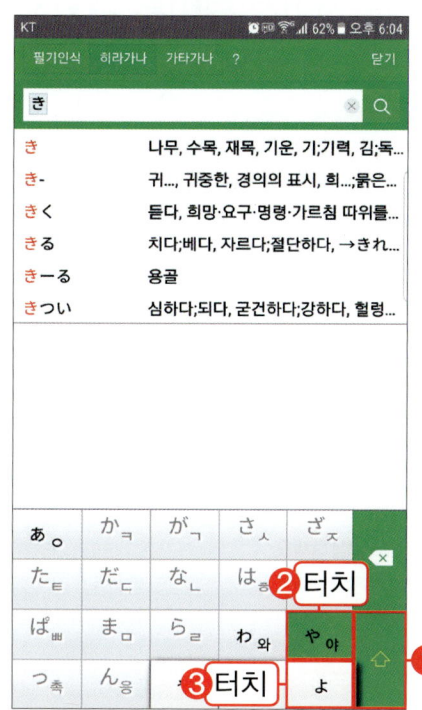 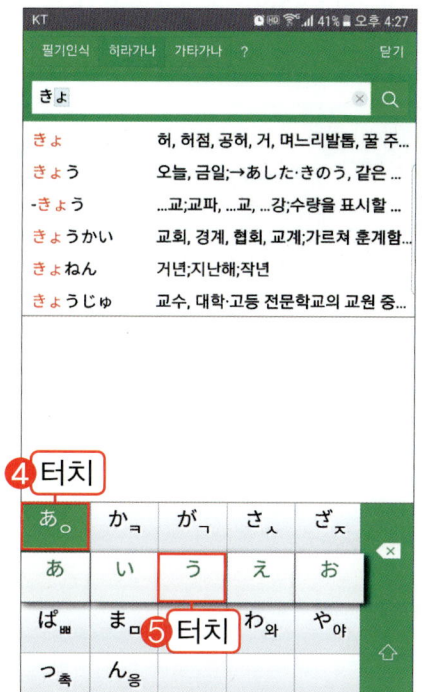

배움터

네이버 사전의 일본어사전에서 히라가나 키보드가 없어도 히라가나를 입력할 수 있게 히라가나 표를 제공하듯이 프랑스어사전에서도 특수 알파벳을 입력할 수 있게 키보드(⌨)를 제공하고 있습니다.

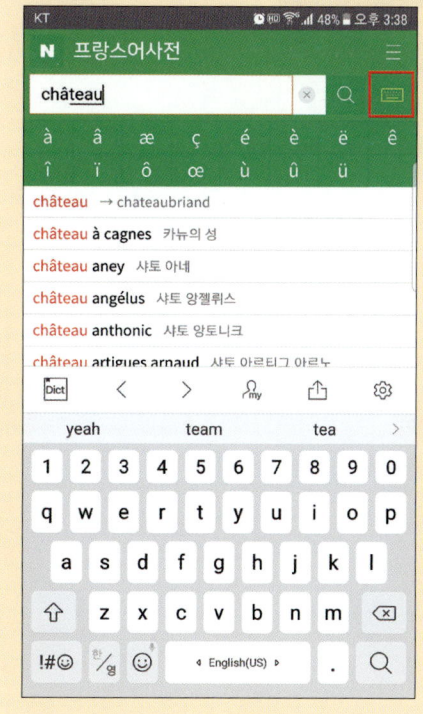

일본어 음성 검색

01 일본어사전 홈에서 [검색 옵션(あ)]을 터치한 후 [음성인식(🎤)]을 터치합니다. 번역할 **문장을 한국어로 말합니다.**

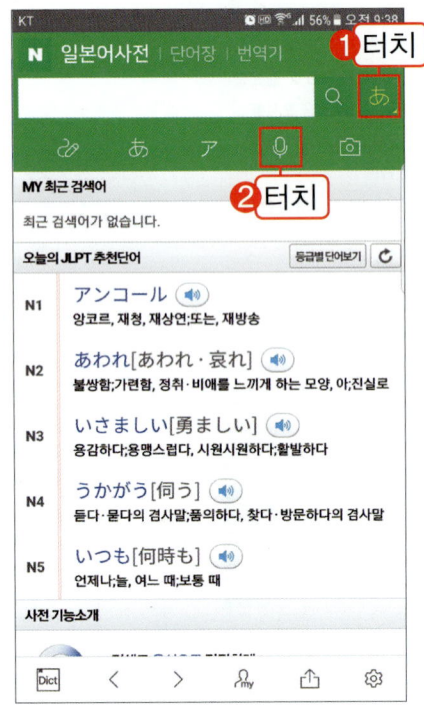 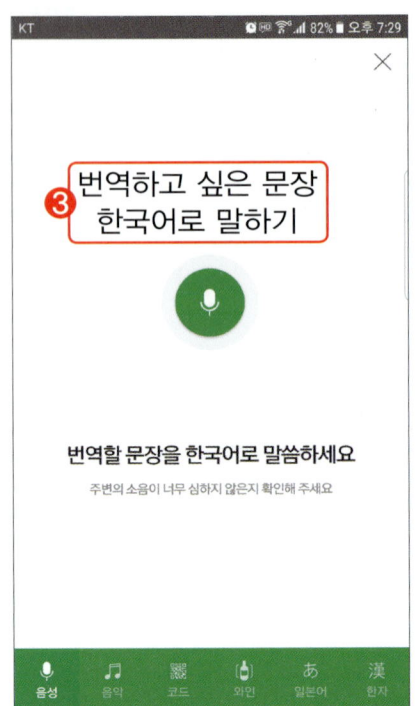

02 한국어를 일본어로 번역하여 검색합니다.

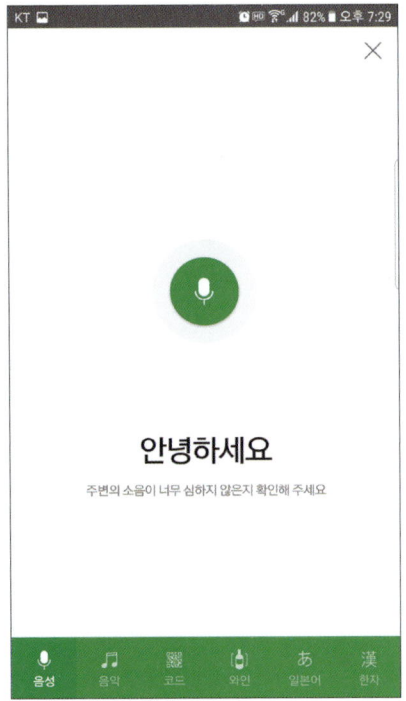 

일본어 찍어서 뜻 확인하기

01 일본어사전 홈에서 [검색 옵션(あ)]을 터치한 후 [카메라]를 터치합니다. 뜻을 잘 모르는 일본어를 터치하여 사진으로 찍습니다.

02 사전에서 **번역할 일본어를 드래그**한 후 를 터치합니다. 영역을 지정한 부분의 일본어 뜻을 확인할 수 있습니다.

각국 번역기 활용하기

번역기 사용 방법

01 툴바에서 [Dict]를 **터치**하여 사전 홈으로 이동한 후 상단의 **[번역기]를 터치**합니다. 번역기 툴 중 [🎤]를 **터치**합니다.

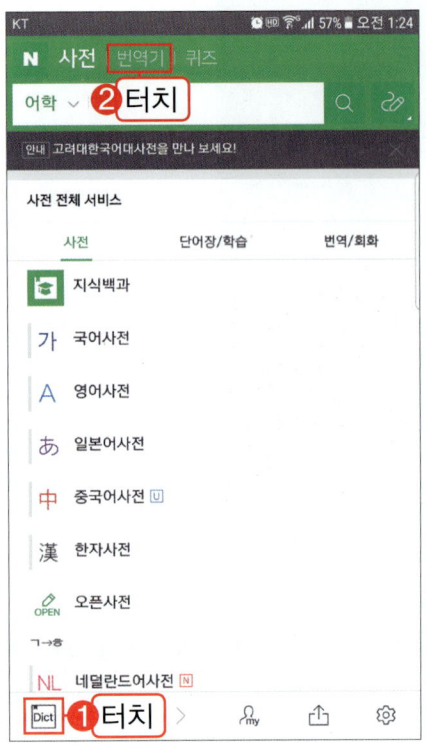
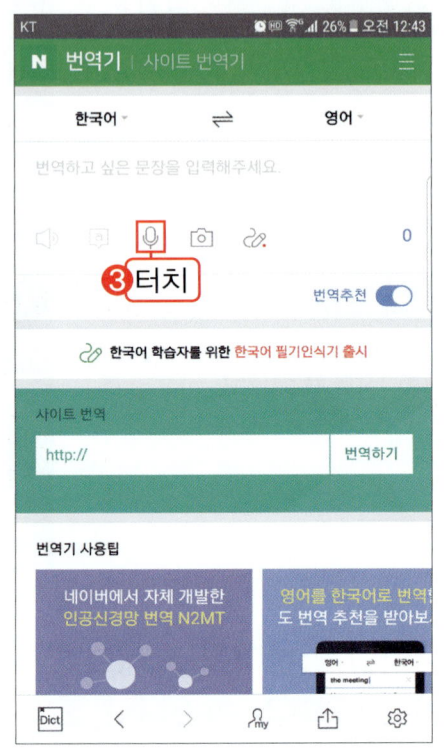

02 하단의 **마이크 단추를 누르고** 번역하고자 하는 **문장을 한국어로 말합니다**. 그러면 번역기에 바로 문장이 한국어로 표시되는데, 오른쪽의 **번역 언어를 설정**한 후 [번역하기] 단추를 터치합니다.

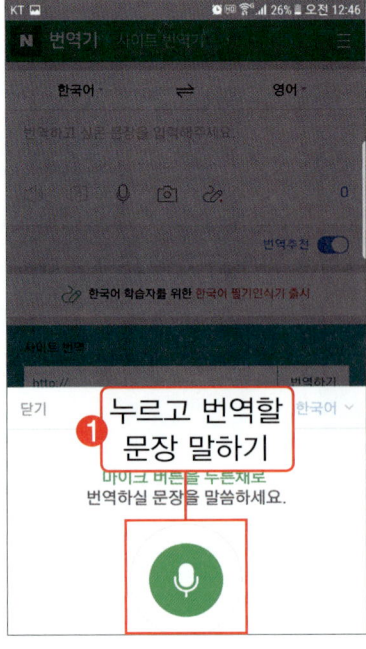
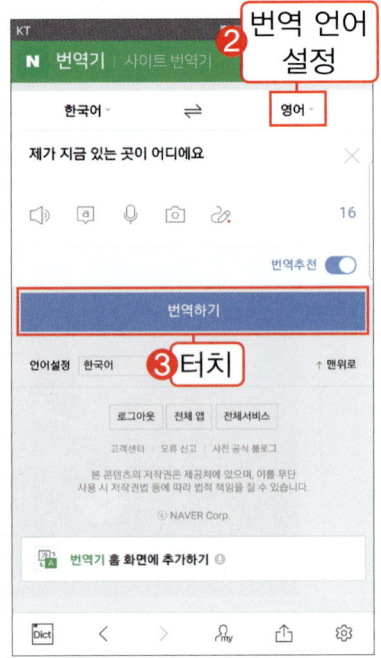

30 • 스마트한 생활을 위한 스마트폰 고급 활용 테크닉

배움터 　네이버 번역기

네이버 번역기에서는 영어, 일어, 중국어 번역 서비스를 제공하고 있습니다.

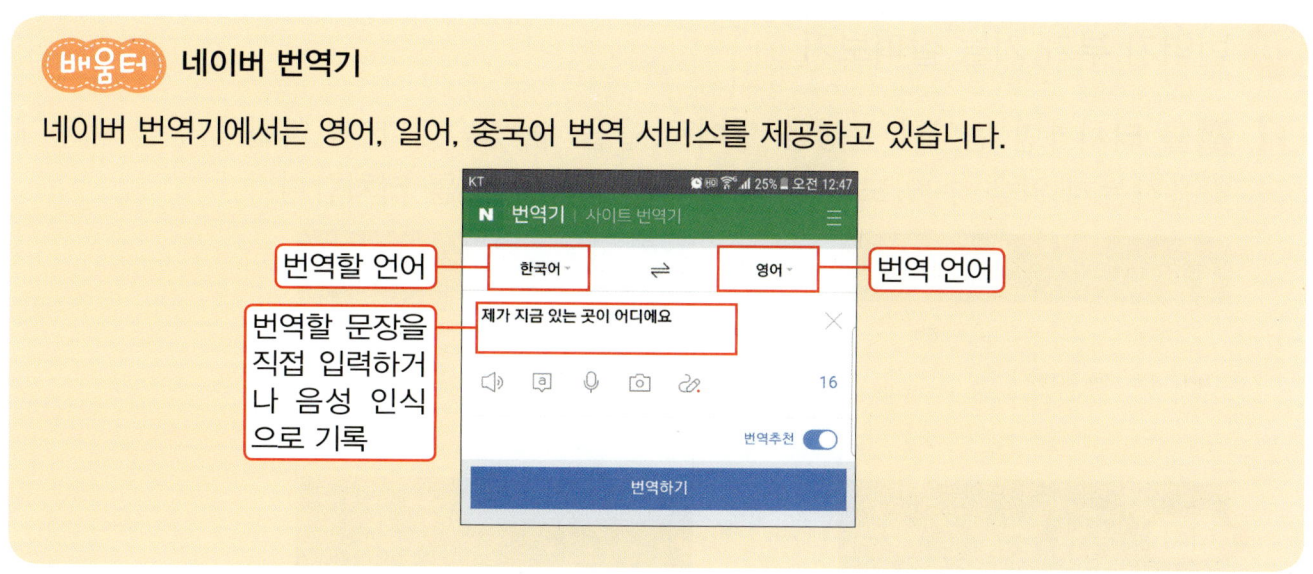

03 번역기 아래에 영어로 번역한 문장이 표시됩니다. 상단의 번역 언어인 **[영어]를 터치**하면 번역할 수 있는 언어들이 나타납니다. 그 중 **[일본어]를 터치**하면 일본어로 번역한 문장이 표시됩니다.

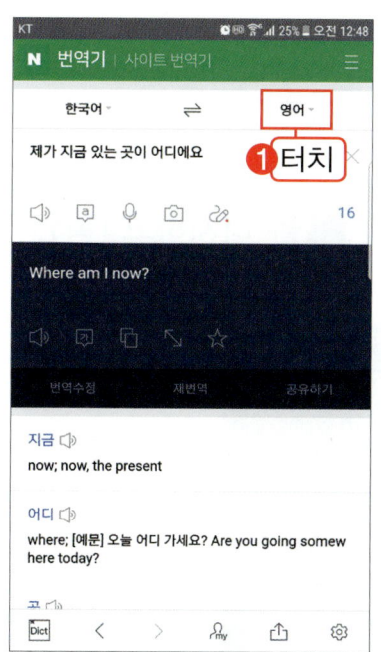 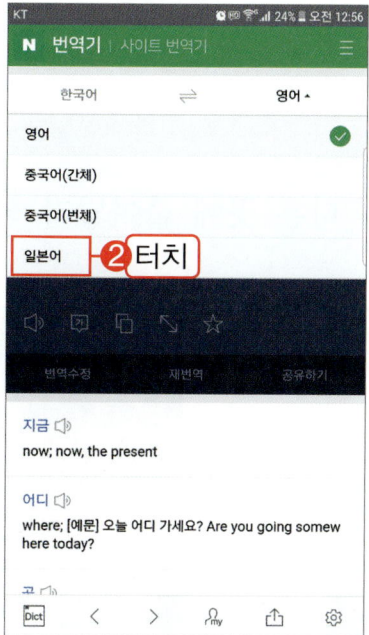 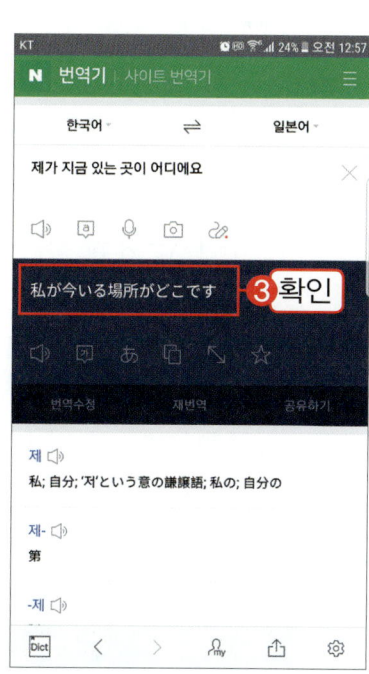

04 다시 **번역언어를 [영어]로 설정**합니다.

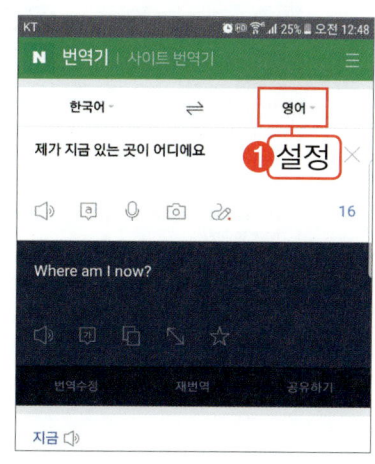

번역기 부가 기능 살펴보기

01 🔊를 **터치**하면 번역한 문장을 영어로 들을 수 있습니다. 번역된 문장을 어떻게 발음하는지 읽을 수 있도록 발음 표기를 보려면 가를 **터치**합니다.

 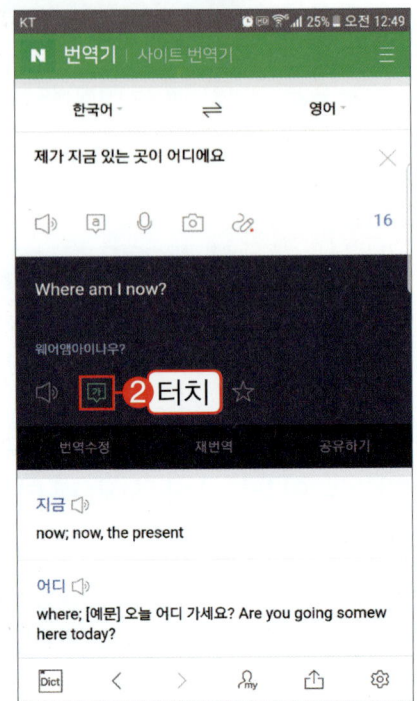

02 번역된 문장을 복사하여 다른 곳에 붙여넣기 하려면 📋를 터치하고 [확인]을 터치합니다.

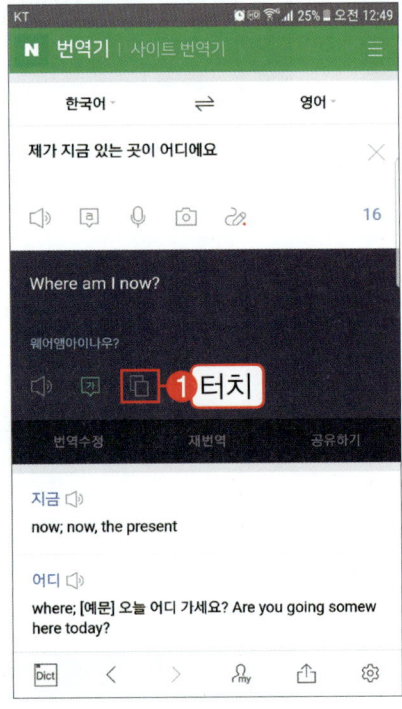 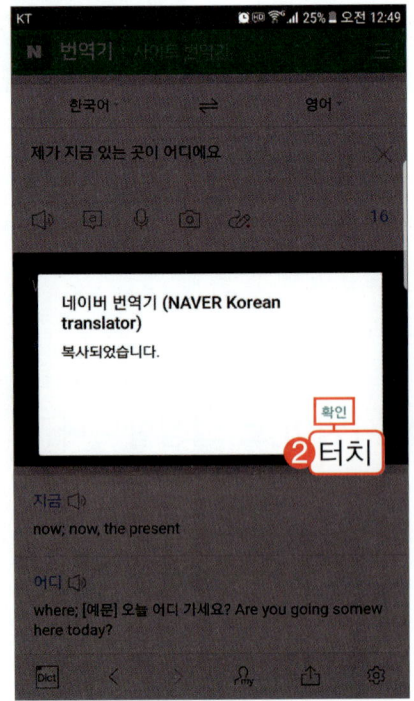

03 번역된 문장을 크게 보려면 ■를 **터치**하고, 본래 화면으로 돌아오려면 ■를 **터치**합니다.

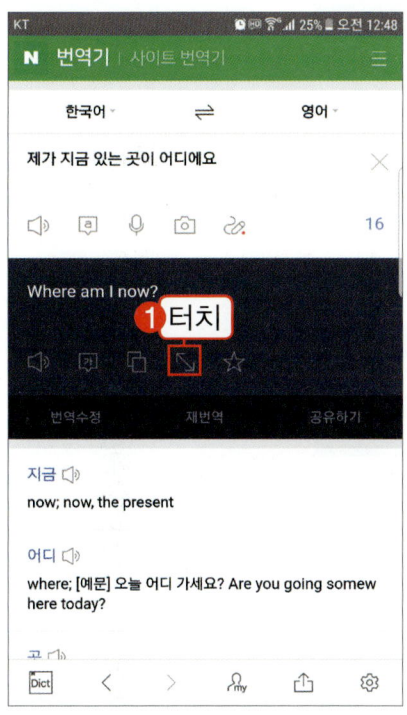

04 즐겨찾는 번역문에 문장을 저장하기 위해 ☆를 **터치**하고 [확인]을 **터치**합니다. 번역기의 ☒를 **터치**하여 현재 번역문을 닫습니다.

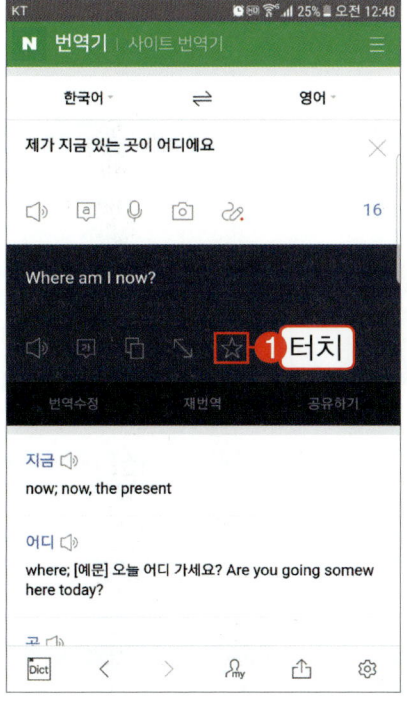
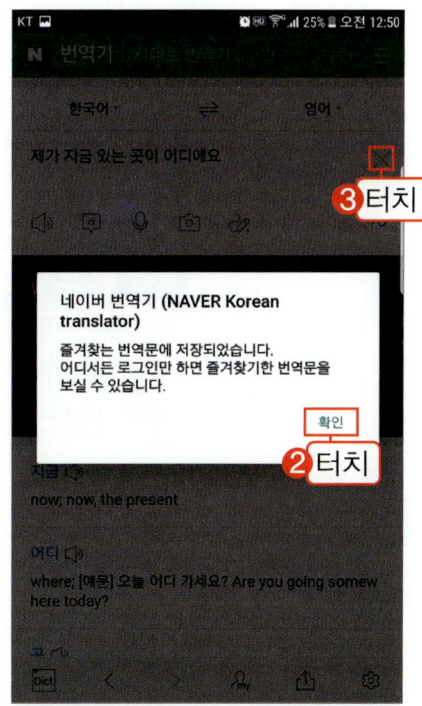

배움터

네이버 번역기 홈 화면의 [즐겨찾는 번역문]을 터치하면 저장해 둔 번역문을 볼 수 있고, 🔊를 터치하여 원문과 번역문의 소리를 각각 들을 수 있습니다.

사이트 번역

01 번역기 홈 화면의 [사이트 번역]에 번역할 사이트의 **URL을 입력**한 후 [**번역하기**]**를 터치**합니다.

02 사이트가 통째로 번역이 됩니다. 원하는 기사를 터치하면 번역한 기사를 읽을 수 있습니다. 기사 중 원문을 **읽고 싶은 특정 부분을 터치**하면 원문을 볼 수 있습니다.

1. 한자 사전에서 필기 인식기를 사용하여 慧(슬기로울 혜)를 찾아 봅니다.

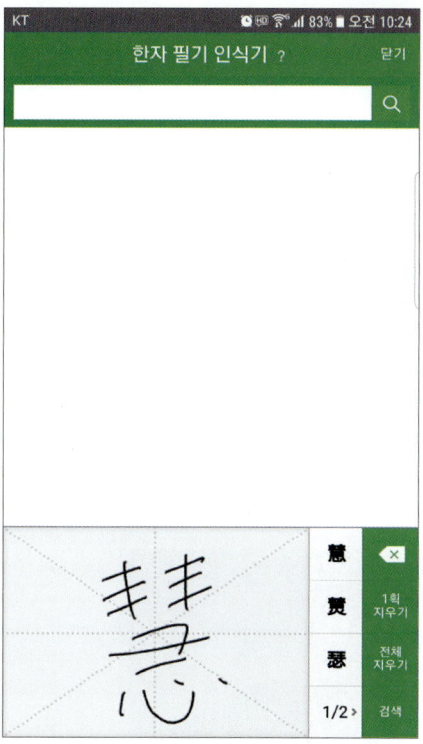 

2. 네이버 사이트 번역기를 사용하여 빌보드(www.billboard.com) 사이트를 한국어로 번역해 봅니다.

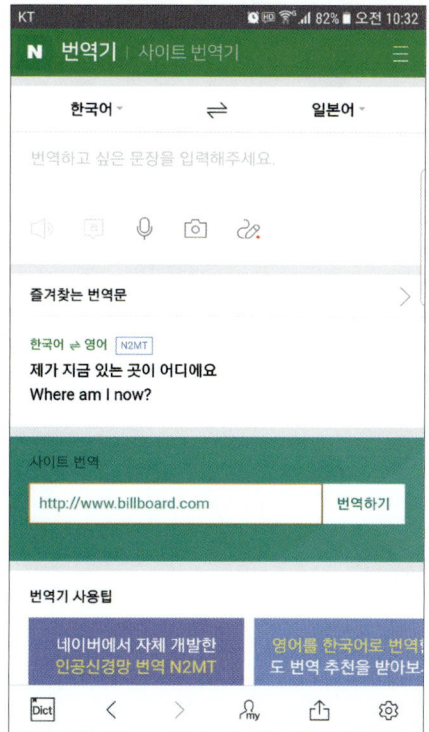 

03 일상 생활에서의 앱 활용하기-3

기술이 발달하면서 가상현실(VR)과 증강현실(AR)이 게임 뿐만 아니라 일상 생활에서도 많이 활용되고 있습니다. 가상현실(VR)을 통한 각 분야별 교육 콘텐츠 개발로 현실 같은 가상세계를 체험해 볼 수 있게 되었고, 증강현실(AR)을 통해 현실 배경에 가상 이미지를 겹쳐볼 수 있게 되었습니다. 이번 장에서는 'IKEA 카탈로그' 앱을 설치하고 증강현실을 사용하여 가상의 가구를 배치하는 법을 배워보겠습니다.

 무엇을 배울까요?

⋯ 가상현실과 증강현실의 개념과 차이점 이해하기
⋯ 'IKEA 카탈로그' 앱 설치하기
⋯ 우리 집에 가상의 가구 배치하기

01 가상현실과 증강현실 차이점

가상현실 개념

가상현실(Virtual Reality, VR)은 어떤 특정한 상황을 컴퓨터로 만들어서, 그것을 사용하는 사람이 현실이 아닌 환경을 마치 현실과 흡사하게 여겨서 서로 상호 작용할 수 있게 인간과 컴퓨터 사이의 인터페이스, 즉 가짜 세계를 실제로 체험할 수 있게 하는 기술입니다.

가상현실(VR)을 체험하는 사람은 마치 실제 상황과 상호작용을 하는 것처럼 느끼게 되며 기술이 고도화될수록 더욱 리얼한 가상의 세계를 만들어내고 있으며, 사람들은 현실세계를 그대로 재현한 가상현실에 몰입할 수 있게 되었습니다.

가상현실(VR)은 초기에는 달탐사, 항공 조정 등을 하는 상황을 만들어서 시뮬레이터를 통해 가상 훈련을 하는 데 사용하였으나, 요즘에는 게임은 물론 방송 프로그램으로도 개발되어서 일반인들도 일상 생활을 하면서 쉽게 접할 수 있게 되었습니다. 가상현실(VR)은 이제 게임뿐만 아니라 사회 각 분야에서 활용되고 있습니다. VR 기기를 착용하고, 스포츠를 관람하면 직접 체험하는 것처럼 느낄 수 있으므로 스포츠 분야에서 다양하게 활용되고 있습니다. 그 예로 올림픽 VR 생중계, 모바일 TV 야구 생중계, VR 사이클 라이딩 등이 있습니다. 또한 테마파크에서 VR 기기를 착용하고 롤러코스터를 타면서 가상 세계를 체험해 볼 수도 있게 되었습니다.

이 외에도 의학 분야에서 해부학 실습을 위한 3차원 해부도 및 시뮬레이션, 가상 내시경, 모의 수술 등의 교육 콘텐츠를 만드는 데에도 가상현실 기술이 도입되고 있습니다.

가상현실 체험

가상현실(VR)을 체험하려면 VR 기기에 스마트폰이나 기타 디바이스를 장착한 후에 가상현실 전용 콘텐츠를 재생하면 실제 체험하는 것처럼 느낄 수 있습니다.

배움터

홈 화면에서 [Play 스토어(▶)] 앱을 터치한 후 검색 창에서 VR을 검색하면 많은 게임과 관련 앱이 검색되므로, 먼저 VR 관련 앱을 설치하고 VR 기기에서 체험해 볼 수 있습니다. 요즘은 통신사나 케이블 TV 앱에서도 VR 방송콘텐츠 서비스를 많이 하고 있습니다.

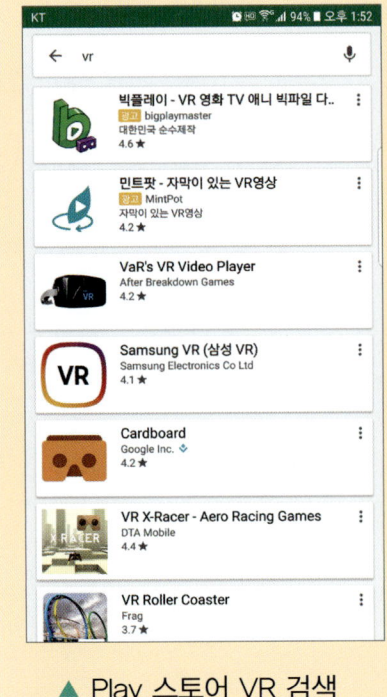
▲ Play 스토어 VR 검색

▲ 통신사 VR 전용관

증강현실 개념

증강현실(Augmented Reality, AR)은 사용자가 눈으로 보는 현실 세계를 배경으로 3차원의 가상 이미지를 겹쳐서 보여 주는 기술입니다. 가상현실(VR)과 달리, 실제 환경에 가상 사물이나 정보를 합성하여 원래의 환경에 존재하는 사물처럼 보이도록 하는 컴퓨터 그래픽 기법입니다.

증강현실(AR)은 실제 환경에 가상의 정보를 결합해 부가 정보를 제공하는 기능으로 사용자가 자유롭게 움직이면서 체험을 할 수 있도록 스마트폰 등을 이용합니다.

가상현실(VR)은 눈에 보이는 모든 것이 가상의 실체들이지만 증강현실(AR)은 눈에 보이는 것들이 현실과 가상이 함께 섞여 있는 것이라고 할 수 있습니다.

▲ 증강현실을 이용한 게임 포켓몬 GO

배움터

가상현실에서의 게임은 가상 공간에서 게임을 마치 사용자가 실제 상황처럼 느낄 수 있게 해주고, 증강현실에서의 게임은 현실에 있는 사용자가 현실의 공간에서 가상의 실체와 함께 게임을 즐길 수 있습니다.

증강현실 체험

증강현실(AR)은 스마트폰에 AR 앱을 설치한 후 스마트폰으로 길거리를 비추면 상점의 위치나 설명 등이 표기되는 것도 있고, 집안을 비춰서 가구를 배치해 볼 수도 있습니다. 최근 엄청난 인기인 포켓몬GO도 증강현실을 이용한 게임입니다.

배움터

가상현실(VR)은 VR 기기에 스마트폰을 장착한 후 VR 앱을 설치하여 가상세계를 실제 현실처럼 체험할 수 있지만 증강현실(AR)은 스마트폰에 AR 앱만을 설치하면 현실 세계를 배경으로 3차원의 가상 이미지를 결합하여 볼 수 있습니다.

02 증강현실 앱 설치하기

01 홈 화면에서 [Play 스토어(▶)] 앱을 터치한 후 검색 창에 'ikea'라고 입력하고 검색합니다. 검색 목록 중 [IKEA 카탈로그]를 터치합니다.

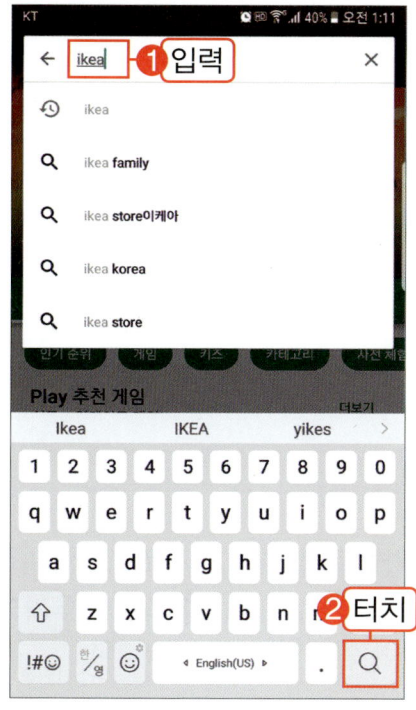 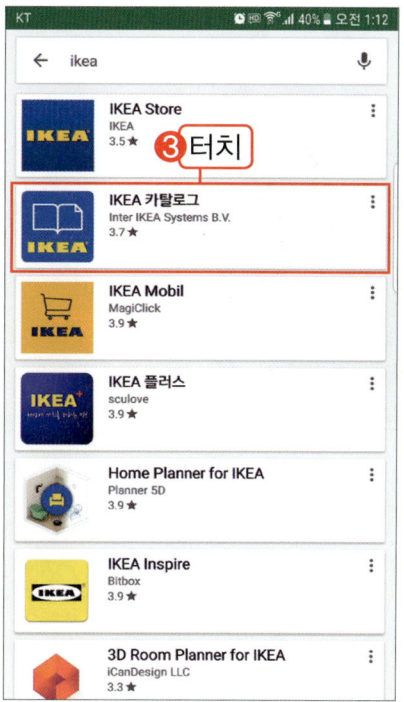

02 IKEA 카탈로그를 설치하기 위해 **[설치] 단추를 터치**합니다. IKEA 카탈로그 설치를 위한 동의 항목을 확인한 후 **[동의]를 터치**합니다. 설치가 완료되면 **[열기] 단추를 터치**합니다.

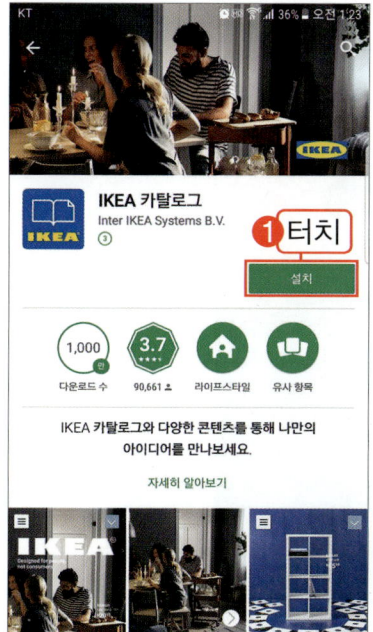 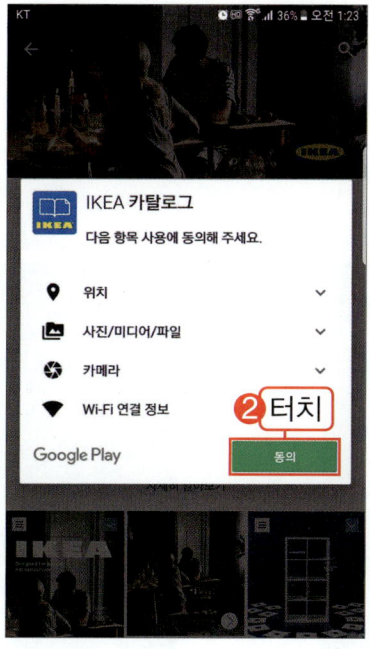 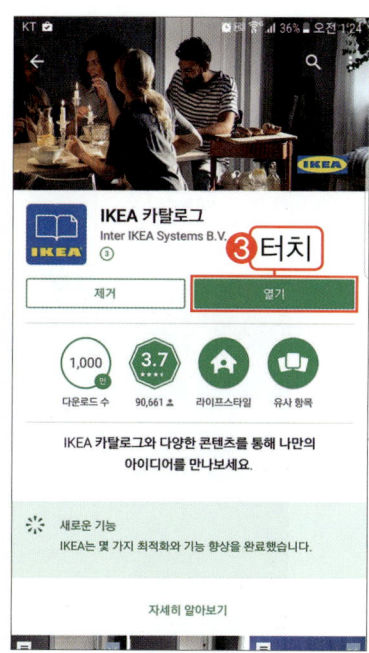

03 일상 생활에서의 앱 활용하기-3 • **41**

증강현실 앱 활용하기

01 이케아 카탈로그가 열리면 증강현실을 체험하기 위해 **[우리 집에 가구를 놓아보세요]**를 터치합니다.

> **배움터**
>
> IKEA 카탈로그 설치가 완료되면 홈 화면에 [IKEA 카탈로그()]앱이 추가되어 터치하여 실행할 수도 있습니다.

02 IKEA 종이 카탈로그가 따로 없으므로 **[IKEA 카탈로그를 사용하지 않습니다]**를 **터치**합니다. 상단에 사용법이 나타나면 **>**를 **터치**하여 사용 방법을 익힌 후 사용합니다. ☒를 **터치**하여 창을 닫습니다.

03 하단의 🏠를 **터치**하여 카테고리 중 **[의자]**를 **터치**합니다.

> **배움터**
>
> 새 가구를 사려고 할 때 가장 고민스러운 것이 우리 집 인테리어와 어울릴지 고민입니다. 이케아 카탈로그 앱을 사용하면 실제 판매되는 가구를 증강현실 기능을 활용하여 우리 집 인테리어에 맞는지 미리 배치해보고, 제품에 대한 정보도 얻을 수 있습니다.

04 의자 카테고리에서 좌우로 드래그한 후 마음에 드는 의자가 나오면 **선택**합니다. 우리 집에 3차원 의자가 겹쳐서 보이면 의자의 **크기와 위치를 배치**합니다.

05 제품이 마음에 들면 하단의 🏷️를 **터치**하여 제품의 정보를 본 후 ✕를 **터치**하여 가구 배치 화면으로 되돌아옵니다.

06 현재 증강현실을 이미지로 저장하려면 하단의 📷를 **터치**하고, 배치가 마음에 들지 않으면 🔄를 터치하여 위치를 재설정합니다. 상단의 ☰를 **터치**하고, 🏠를 **터치**하여 홈 화면으로 되돌아갑니다.

1. IKEA 카탈로그 앱의 [선반/수납장] 카테고리 중에서 유리도어수납장을 터치하여 다음 그림처럼 집안에 배치해 봅니다.

▲ 실제 모습　　▲ 가상 가구 배치 모습

2. IKEA 카탈로그 앱의 [책상/의자] 중에서 이동식 서랍유닛을 집안에 배치하고 이미지 폴더에 저장해 봅니다.

 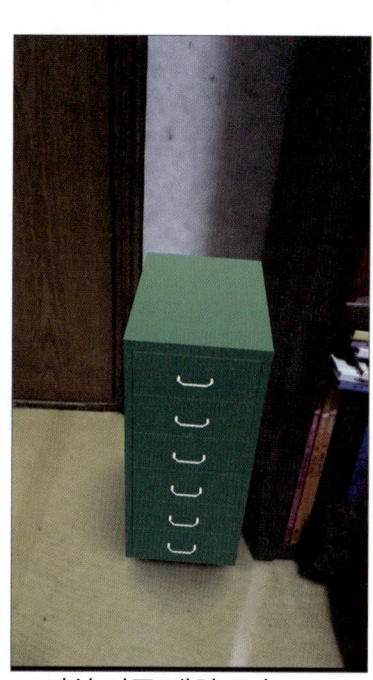

▲ 실제 모습　　▲ 가상 가구 배치 모습

오피스 관련 앱 활용하기

업무를 처리하다 보면 종이 문서를 멀리 있는 사람에게 전달해야 할 경우가 종종 생깁니다. 직접 배달할 수도 있지만, 인터넷이나 모바일을 활용해 스캔하여 파일로 만들어 보내거나 팩스로 전송할 수도 있습니다. 이번 장에서는 '오피스렌즈' 앱을 활용해 문서를 스캔하고 스캔한 이미지를 각종 문서 파일로 저장해 다른 사람과 공유하는 방법에 대해 살펴보도록 하겠습니다. 또한 '모바일팩스' 앱을 활용해 팩스를 보내고 받는 방법에 대해서도 알아보겠습니다.

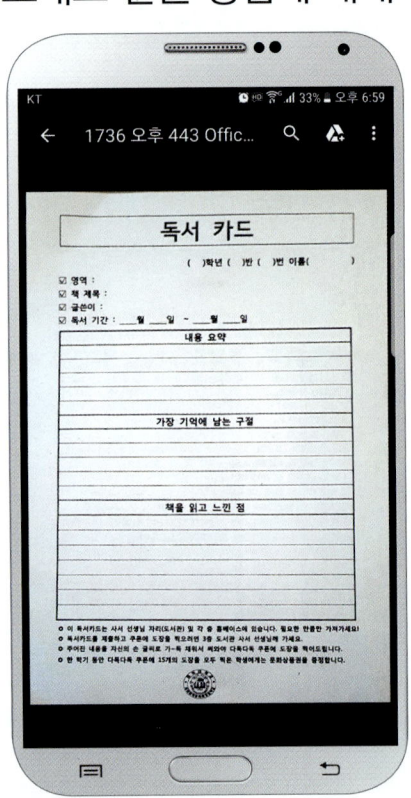 

 무엇을 배울까요?

- ⋯▶ '오피스렌즈' 앱 설치하기
- ⋯▶ 오피스렌즈로 스캔하기
- ⋯▶ 스캔 문서 여러 종류 파일로 저장하기
- ⋯▶ 스캔 문서 공유하기
- ⋯▶ '모바일팩스' 앱 설치하기
- ⋯▶ 모바일팩스로 송수신하기

01 '오피스렌즈' 앱 설치하기

01 홈 화면에서 [Play 스토어(▶)] 앱을 터치한 후 검색창에 '오피스렌즈'라고 입력합니다. 목록 중에 [Office Lens]를 터치합니다. [설치] 단추를 터치한 후 미디어, 동영상 등 허용 및 동의 알림 창이 표시되면 [허용] 및 [동의]하여 설치를 시작합니다.

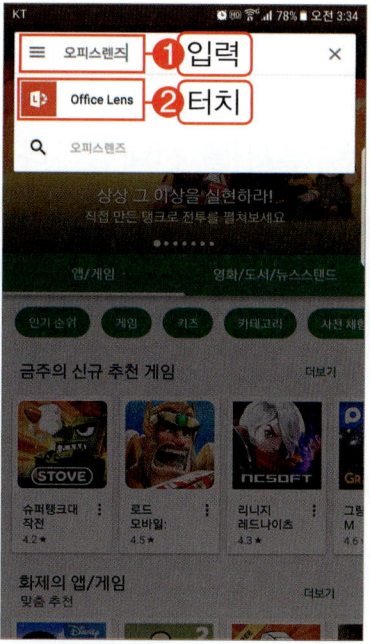

02 Office Lens를 실행하기 위해 [열기] 단추를 터치합니다. Office Lens의 특징이 나타나면 **팅기기하여 다음 페이지를 모두 읽은 후** 시작 화면이 보이면 [Office Lens 사용 시작]을 **터치**하여 시작합니다.

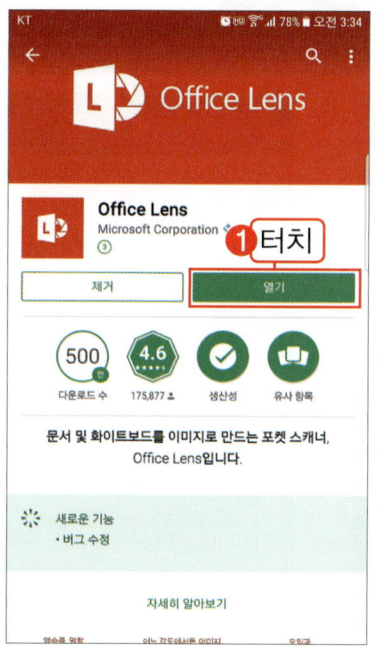

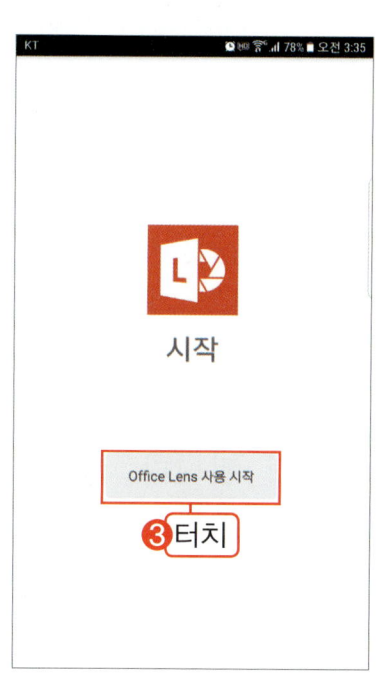

배움터

오피스렌즈(Office Lens)는 문서나 명함, 화이트보드를 사진을 찍어 디지털화할 수 있습니다. 오피스렌즈로 찍은 사진은 PDF, WORD, PowerPoint 파일로 변환하여 저장할 수 있습니다.

오피스렌즈로 스캔하고 저장하기

오피스렌즈로 스캔하기

01 스캔할 문서를 준비한 후 홈 화면에서 [Office Lens(▣)] 앱을 **터치**합니다. ▣를 **터치**하여 스캔할 종류 중 [**문서**]를 **선택**합니다.

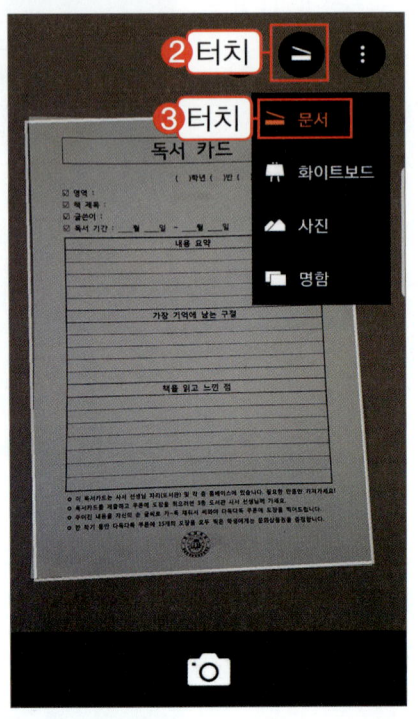

02 카메라 앱이 활성화되면서 자동으로 스캔할 문서가 인식됩니다. 흰색 영역 안의 문서가 스캔이 될 부분으로 배경과 문서의 색상 차가 클수록 자동 인식이 잘 됩니다. ▣를 **터치**하여 스캔합니다. 스캔 영역을 편집하려면 ▣를 **터치**합니다.

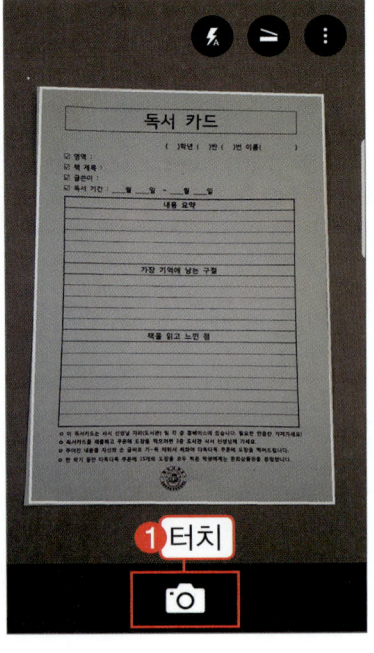
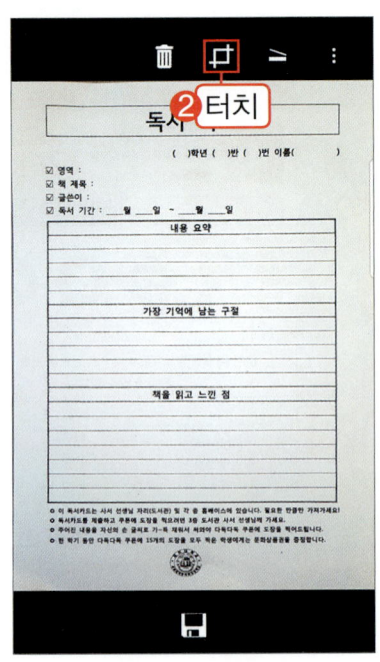

03 흰색 영역을 손으로 **드래그**하여 다시 지정한 후, ✓를 **터치**합니다. 스캔한 문서를 저장하려면 💾를 **터치**합니다.

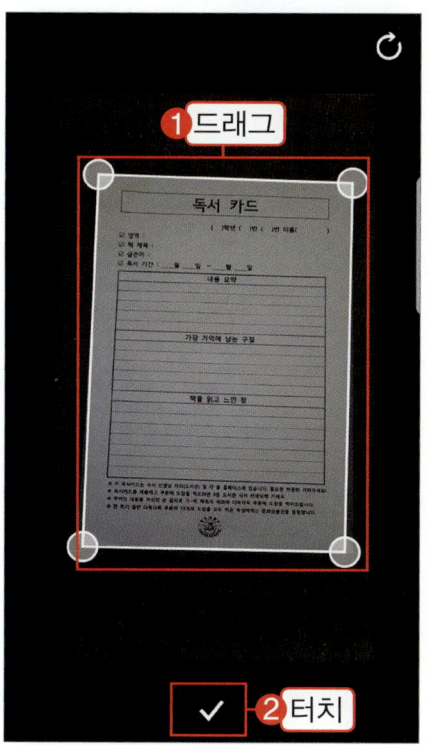
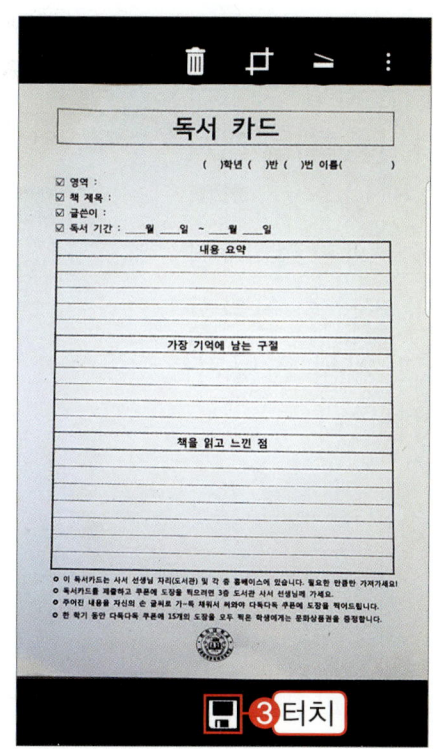

다양한 문서로 저장하기

01 오피스렌즈에서는 스캔 문서를 다양한 문서 파일로 저장할 수 있습니다. '저장 위치'에서 **저장할 파일 형식에 체크 표시**하고 ✓를 **터치**합니다. 로그인 화면이 나타나면 Microsoft 계정의 **이메일을 입력**하고 [다음] 단추를 **터치**합니다.

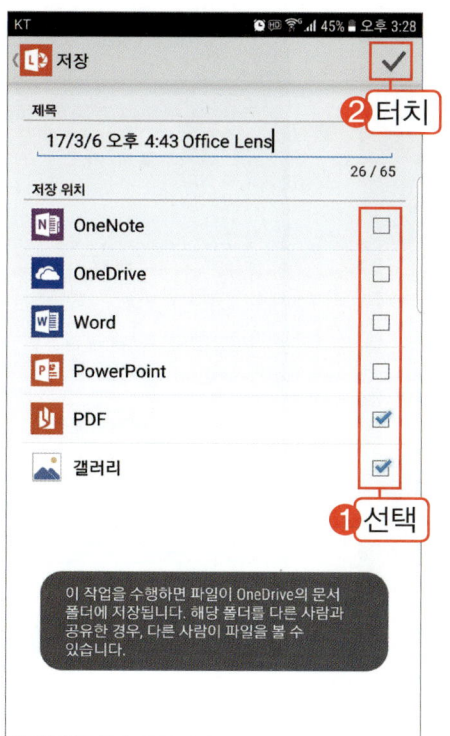
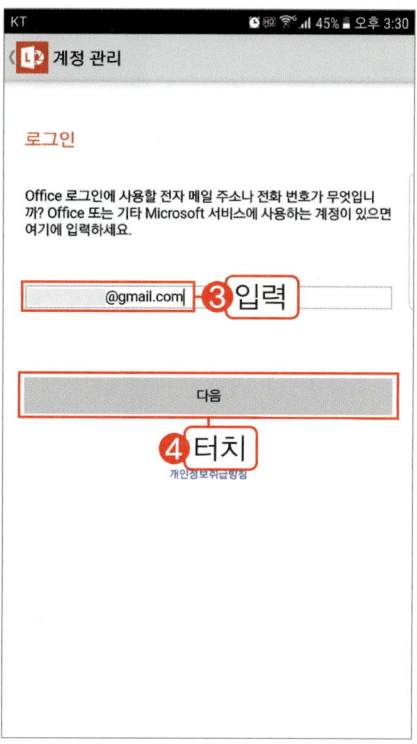

04 오피스 관련 앱 활용하기 • **49**

02 Microsoft 계정이 없는 경우에는 전자 메일 주소를 찾지 못했다고, 새 Microsoft 계정을 등록할 것인지를 묻습니다. [등록]을 터치합니다. 계정 만들기 화면에서 등록할 계정의 메일 주소와 비밀번호를 입력한 후 [동의하고 계정 만들기] 단추를 터치합니다.

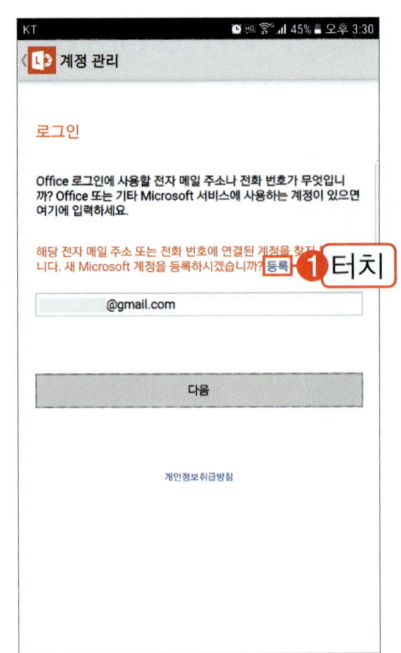
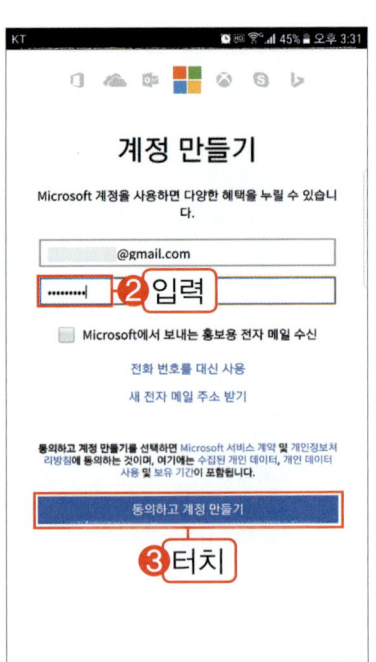

배움터

스캔한 이미지를 문서 파일로 저장하려면 OneDrive의 문서 폴더에 저장해야 하기 때문에 Microsoft 계정이 필요합니다. Microsoft 계정이 없을 경우에는 새로 계정을 만들어야 합니다.

03 계정을 등록할 때 입력한 메일 주소로 코드 번호가 전송됩니다. 코드 입력 화면에서 전송된 **코드 번호를 입력**하고 [다음] 단추를 터치합니다. 최근 기록에 갤러리 이미지와 PDF 파일이 목록에 표시됩니다. **PDF 파일을 터치**하면 다운로드 후 파일이 열립니다.

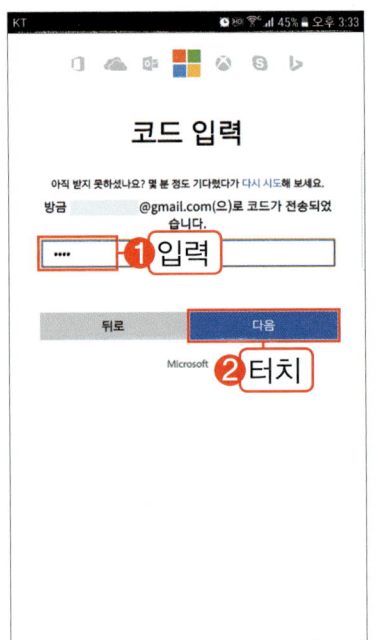
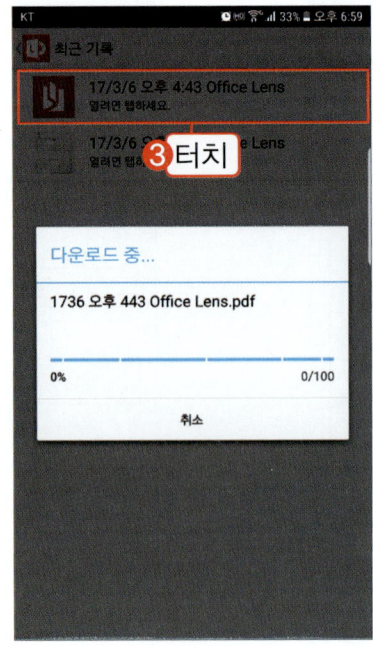
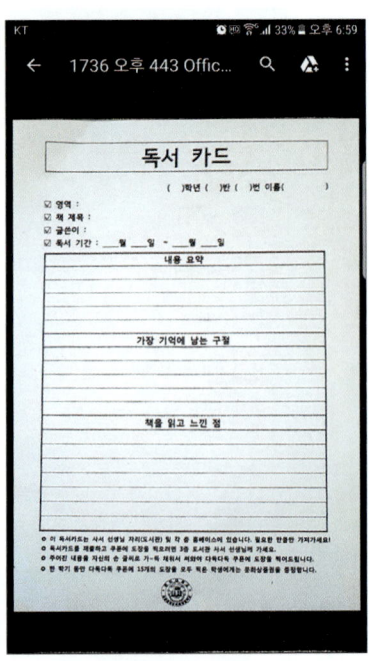

03 공유하기

01 홈 화면에서 [Office Lens (🔍)] 앱을 터치하여 실행한 후 미리 스캔해 둔 문서를 열기 위해 ┇를 터치하고 [최근 기록]을 선택합니다. **공유할 문서를 터치**합니다.

02 공유하기 전에 문서 내 검색을 하기 위해 ┇를 터치한 후 찾으려는 **글자를 입력**하면 문서 내 글자를 모두 찾아 주고, 노란색으로 표시합니다. 상단 우측의 〈 나 〉를 터치하여 찾은 글자 사이를 이동할 수 있습니다. 이전 화면으로 되돌아가려면 상단 좌측의 ←를 **터치**합니다.

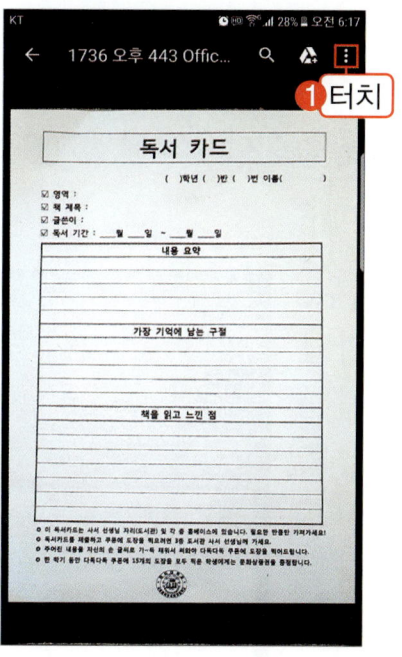 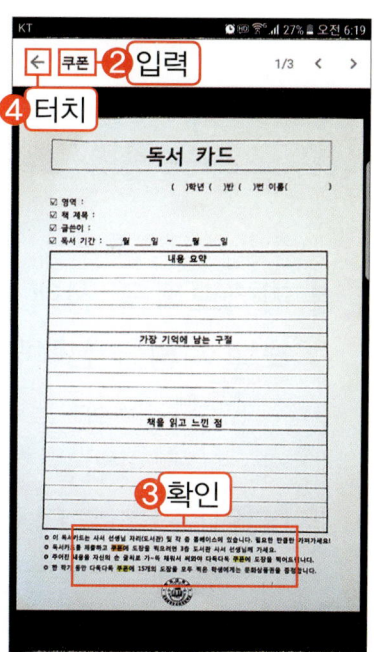

> **배움터**
> 스캔한 문서를 이미지 파일로 저장하면 이미지 내 글자를 검색할 수 없지만, 여기서는 PDF 파일로 저장했기 때문에 문서 내에서 글자를 검색할 수 있습니다.

03 스캔한 문서 파일을 공유하기 위해 ▐를 터치하여 [파일 보내기]를 선택합니다. 파일 공유 가능한 앱이 나타납니다. 그 중 하나를 터치합니다.

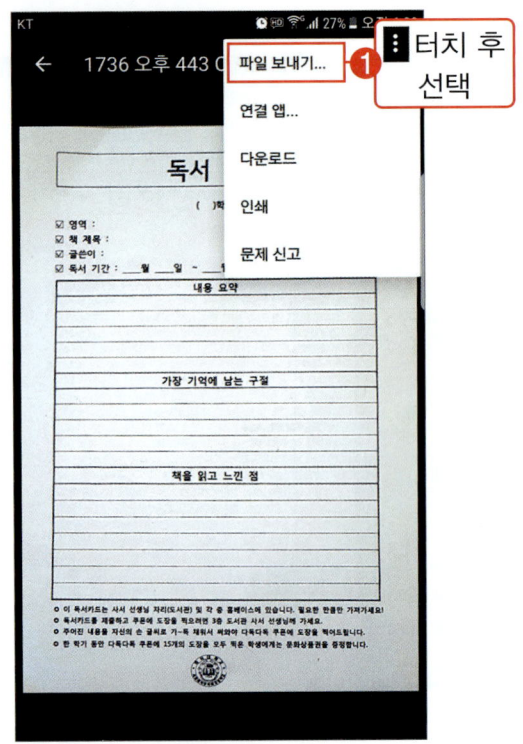
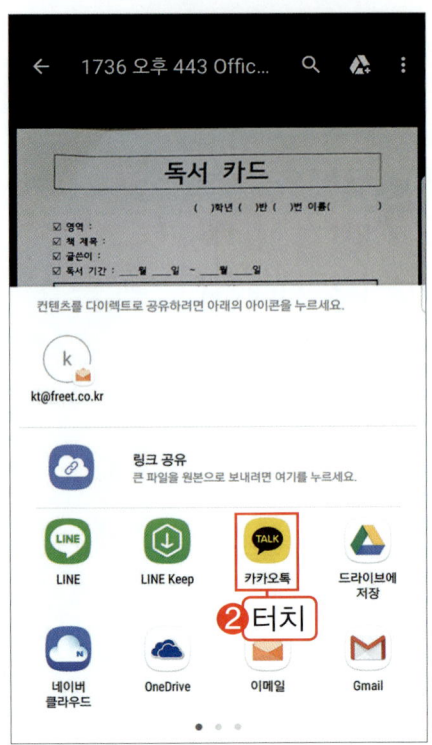

> **배움터**
> 파일을 공유할 수 있는 앱은 사용자의 스마트폰에 설치된 앱에 따라 다를 수 있습니다.

04 카카오톡을 선택한 경우, 보낼 사람을 선택하면 파일 전송 확인 창이 표시됩니다. 보낼 파일을 확인한 후 [확인] 단추를 터치합니다. 파일을 받은 사람은 [파일 열기]를 터치하여 스캔 문서를 확인할 수 있습니다.

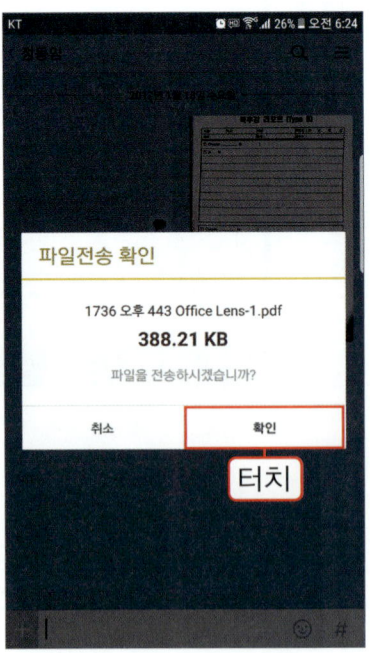
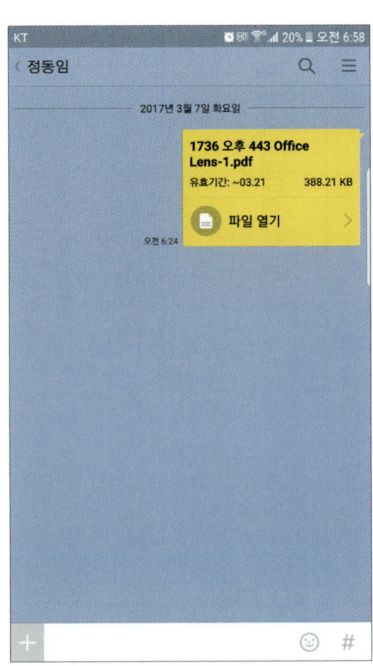

배움터 연결 앱

01 스캔한 문서를 읽을 수 있고, 편집할 수 있는 앱을 연결하려면 ⋮를 터치하여 [연결 앱]을 선택합니다.

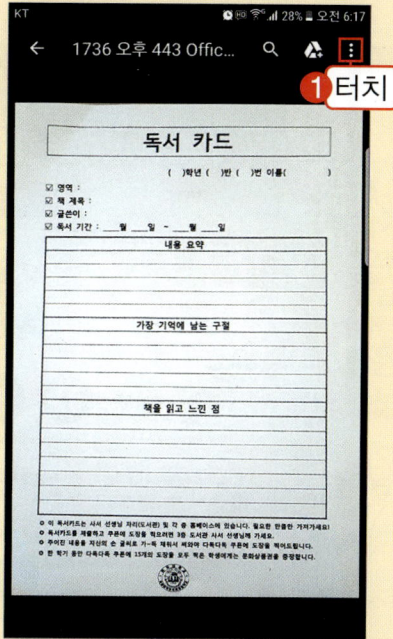 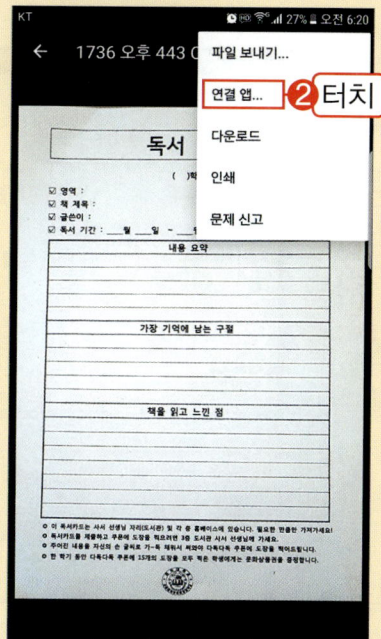

02 사용자마다 스마트폰에 설치한 앱에 따라 다르지만 하단에 연결 앱 목록이 표시됩니다. 그 중 PDF를 읽고 편집할 수 있는 [Adobe Acrobat] 앱을 선택합니다. Adobe Acrobat 앱이 열리면 스캔한 문서를 편집할 수 있습니다.

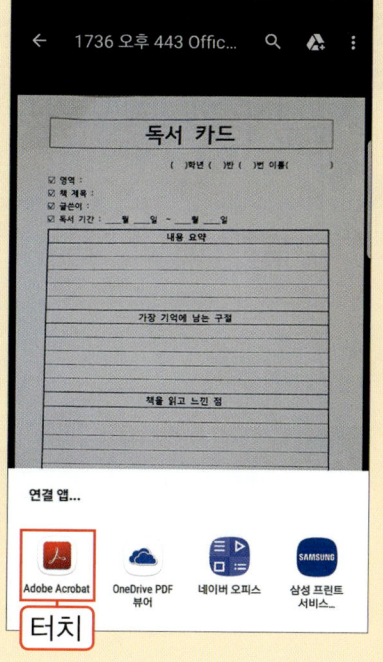 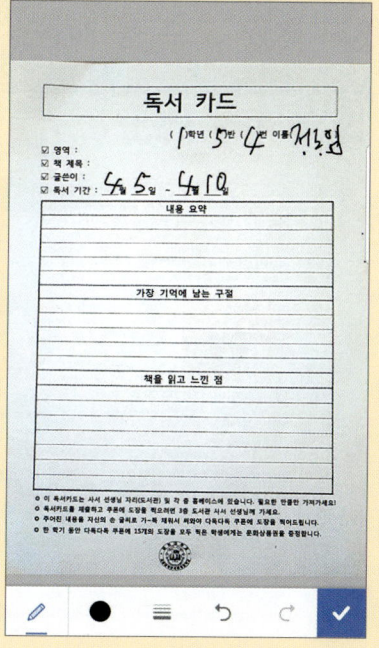

04 오피스 관련 앱 활용하기 • 53

04 모바일팩스 보내기

모바일팩스 설치하기

01 홈 화면에서 [Play 스토어()] 앱을 터치한 후 검색창에 '모바일팩스'라고 입력하고 목록 중에 [모바일팩스]를 터치합니다. [설치] 단추를 터치하고, 미디어, 동영상 등 허용 및 동의 알림창이 표시되면 [허용] 및 [동의]하여 설치를 시작합니다.

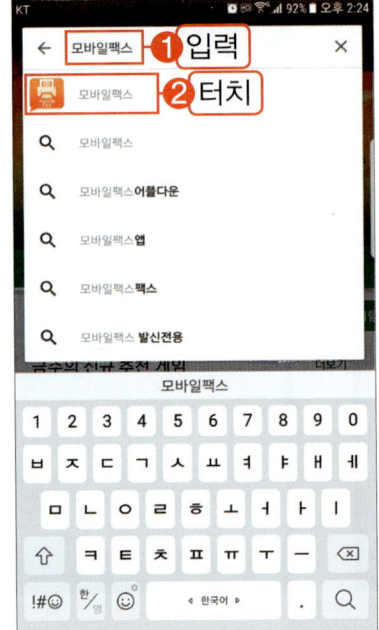

02 설치가 완료되면 [열기] 단추를 터치합니다. 모바일팩스가 실행됩니다.

> **배움터**
>
> 모바일팩스를 사용하면 스마트폰으로 간편하게 팩스 문서를 송수신할 수 있습니다. MMS(멀티미디어 메시징 서비스)를 이용하여 팩스를 보내기 때문에 따로 충전할 필요가 없고 무료로 팩스 수신용 번호를 제공하기 때문에 팩스를 받아볼 수 있습니다.

가입하기

01 회원가입 화면으로 이동하면 회원가입에 필요한 **필수 사항에 모두 체크 표시**하고 [다음]을 **터치**합니다.

02 팩스를 받을 수 있는 번호를 무료로 제공해주는데, 그 중 **하나를 선택**합니다. [다음]을 **터치**합니다. 사용할 팩스 번호와 함께 가입 완료 페이지가 나타나면 [확인]을 **터치**합니다.

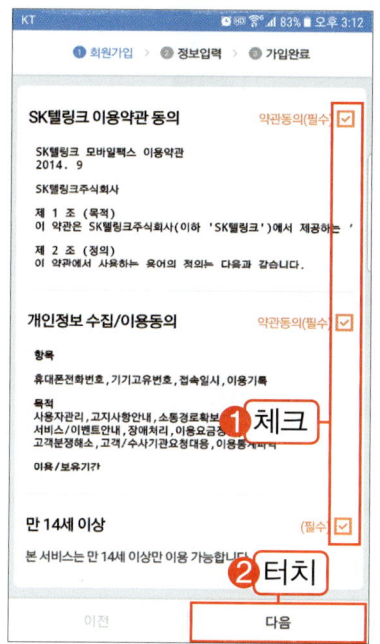  

팩스 보내기/받기

01 팩스를 보낼 문서를 준비한 후 보낼 팩스 문서의 종류를 [문서사진]으로 **선택**합니다. [사진/문서 첨부] 단추를 **터치**합니다.

02 파일을 선택할 수도 있고 보낼 문서를 사진으로 찍어서 팩스로 보낼 수도 있습니다. 파일 선택 창에서 [카메라]를 선택한 후 ○를 터치하여 사진을 찍습니다.

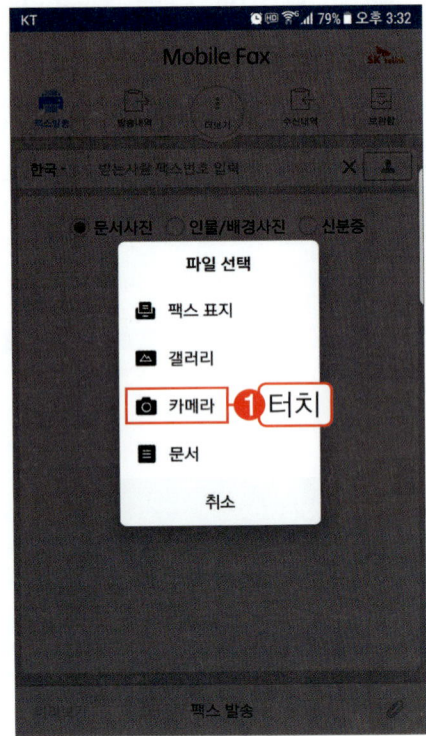
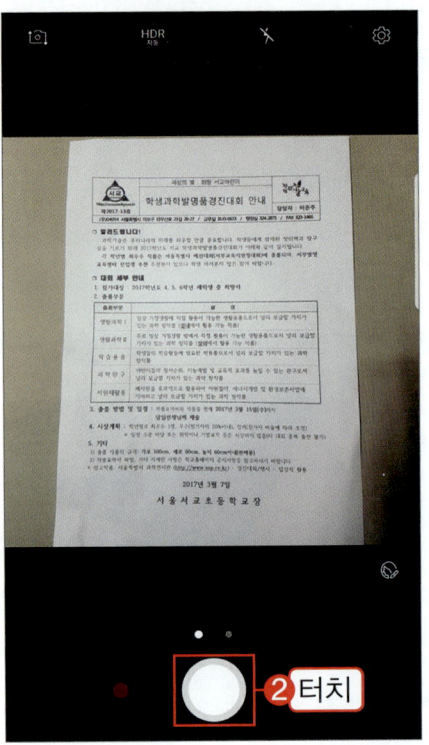

03 하단 좌측의 [미리보기]를 터치하여 문서를 미리보기 합니다. 상단의 '받는사람 팩스번호 입력'에 팩스 번호를 입력하고 [팩스 발송]을 터치합니다.

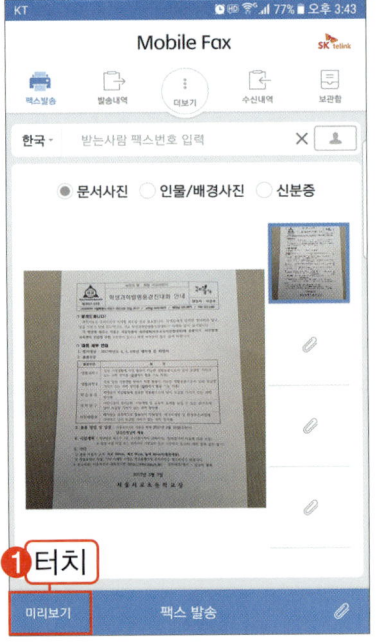
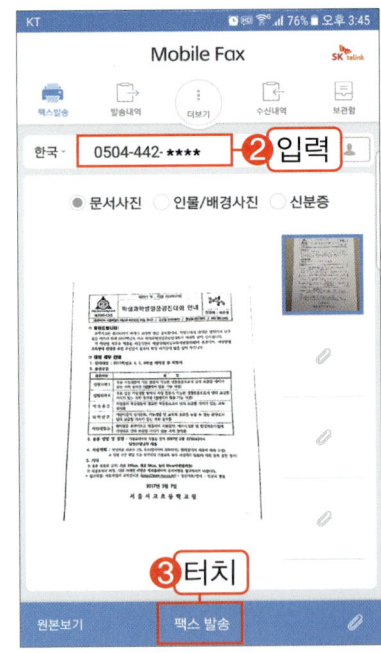

배움터

팩스 보낼 문서를 추가하려면 클립 모양 (📎)을 터치합니다.

04 팩스 1페이지당 2건의 MMS를 발송하기 때문에 따로 충전하지 않아도 팩스를 보낼 수 있습니다. **[발송내역]을 터치**하면 발송이 완료되었는지 확인할 수 있습니다.

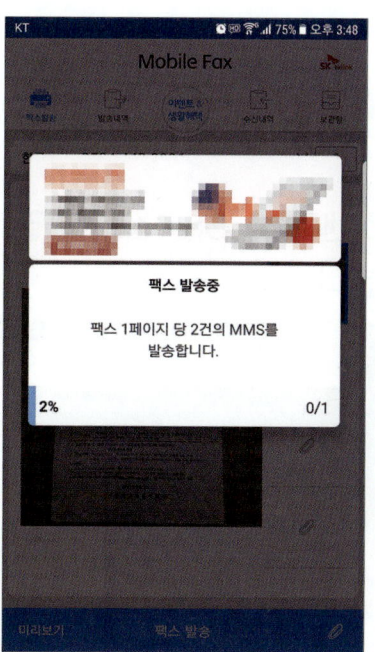 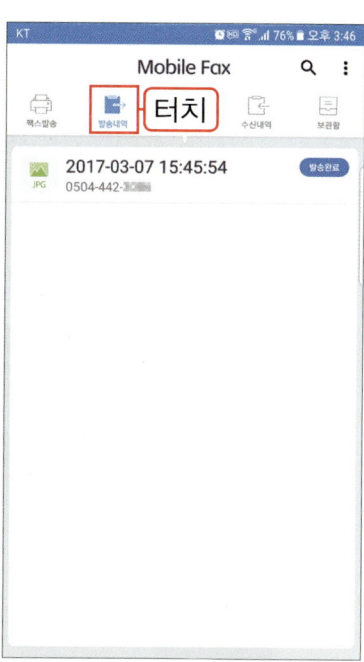

배움터
스마트폰 요금제에 따라 MMS를 무료로 전송할 수 있는 경우에는 무료로 팩스를 보낼 수 있습니다.

05 **[수신내역]을 터치**하면 받은 팩스 내역을 확인할 수 있습니다. **받은 팩스를 터치**하면 다운로드 되고 문서를 확인할 수 있습니다.

  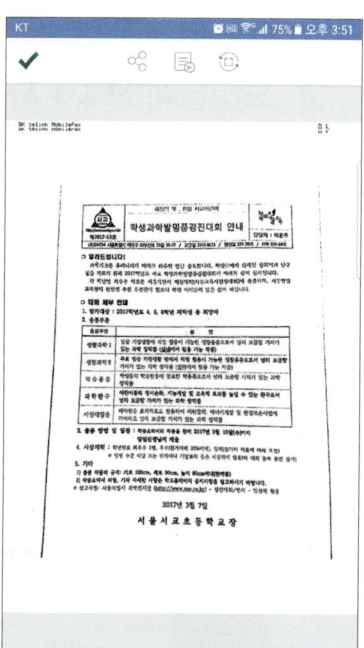

디딤돌학습

1 오피스렌즈로 명함을 스캔하고, 'OneNote' 파일로 저장해 봅니다. 자동으로 연락처가 추출되게 스캔해 봅니다.

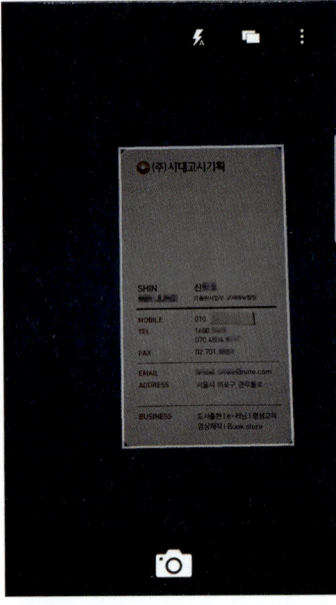 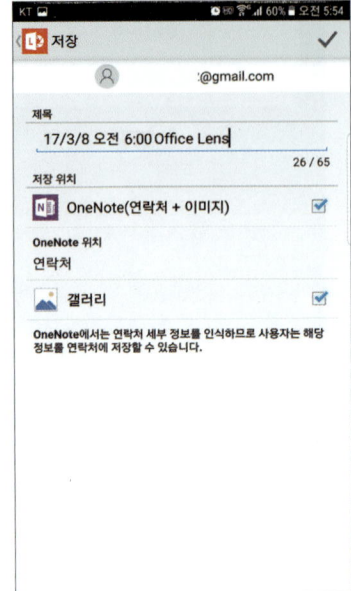 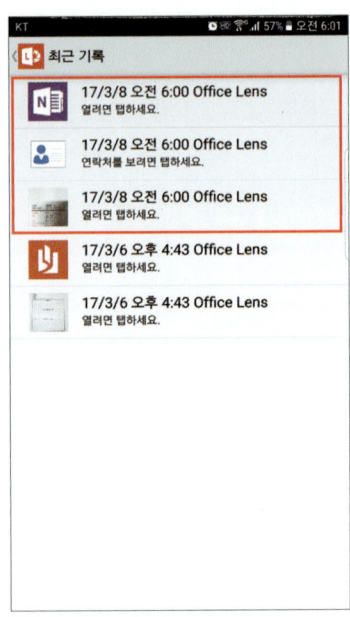

> **도움터** 오피스렌즈에서 스캔할 때 문서 종류를 '명함'으로 설정한 후 스캔합니다.

2 모바일팩스에서 사용자의 연락처와 팩스 번호가 포함된 팩스 표지를 발송해 봅니다.

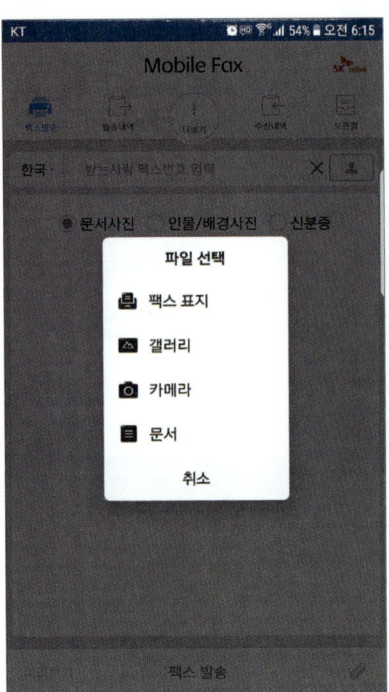 

05 스마트폰을 와이파이 공유기로 사용하기

와이파이 전용 태블릿 같은 경우 와이파이 존이 아닌 장소에서는 인터넷에 접속할 수가 없습니다. 이럴 때 내 스마트폰의 모바일 핫스팟을 활용하여 내 스마트폰의 모바일 네트워크를 공유하여 함께 사용할 수 있습니다. 모바일 핫스팟을 설정하는 방법과 자동 해제하는 방법에 대해 알아보겠습니다.

 무엇을 배울까요?

- … 모바일 핫스팟 활성화하기
- … 모바일 핫스팟 비밀번호 설정하기
- … 다른 디바이스에서 접속하기
- … 허용된 디바이스만 모바일 핫스팟 접속하기
- … 자동으로 모바일 핫스팟 해제하기
- … 블루투스 연결하기

모바일 핫스팟 설정하기

01 홈 화면에서 [설정(⚙)] 앱을 터치합니다. 설정 화면이 나타나면 [연결]을 터치합니다.

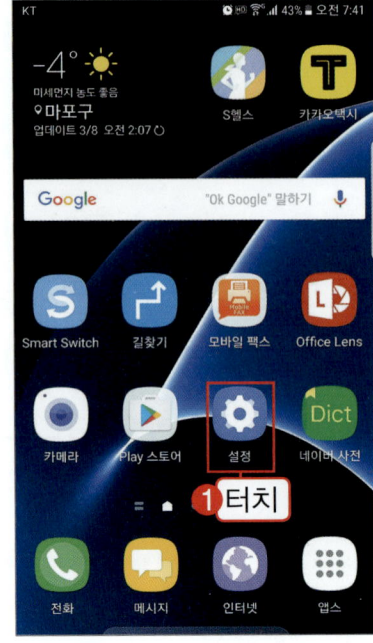 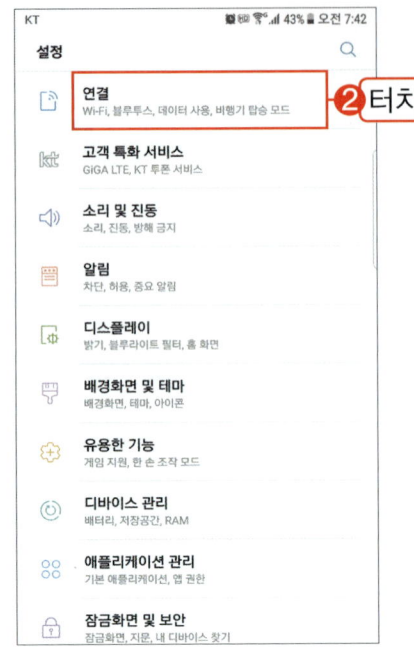

배움터

모바일 핫스팟을 사용하여 내 스마트폰을 인터넷 액세스 포인트로 설정하여 마치 와이파이 공유기처럼 사용할 수 있습니다. 이 설정을 사용하면 스마트폰이나 노트북 등 다른 디바이스에 최대 10개까지 Wi-Fi로 내 스마트폰에 연결하여 인터넷에 접속할 수 있습니다. 하지만 모바일 핫스팟을 사용하면 배터리 및 데이터 사용량이 많아집니다.

02 연결 화면에서 [모바일 핫스팟 및 테더링]을 터치한 후 [모바일 핫스팟]을 선택합니다.

 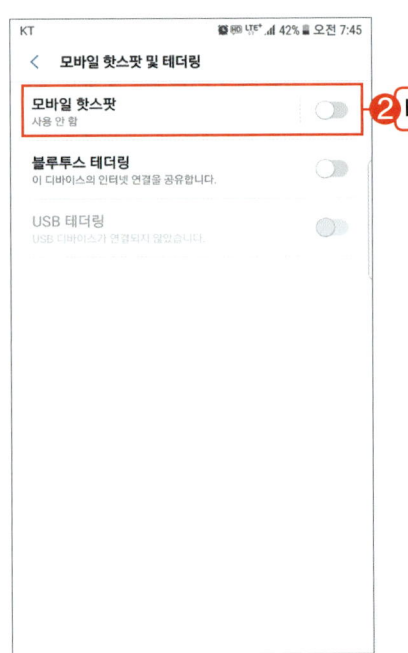

03 [사용 안 함]의 활성화 단추를 **터치**하여 [사용 중]으로 변경하면 화면 상단 좌측에 아이콘이 표시되면서 Wi-Fi 망이 형성된 것을 알 수 있습니다. '비밀번호'의 [설정 안 함]을 **터치**하여 8자 이상의 **비밀번호를 입력**하고 [저장]을 **터치**합니다.

 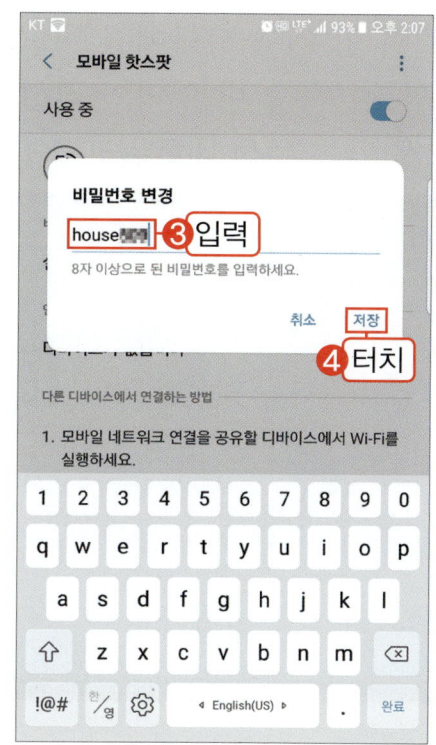

> **배움터**
>
> 모바일 핫스팟은 데이터 네트워크망을 Wi-Fi 신호를 변환해서 Wi-Fi 망을 만드는 것으로, 다른 디바이스에서 내 스마트폰을 통해 인터넷에 접속할 수 있습니다.

02 다른 기기에서 내 스마트폰 모바일 핫스팟에 연결하기

노트북에서 핫스팟 연결하기

01 인터넷 연결이 안 된 노트북에서 내 스마트폰의 모바일 핫스팟에 접속하기 위해 작업 표시줄 오른쪽 알림 영역의 **무선 인터넷 연결( )** 아이콘을 클릭합니다. 내 스마트폰에서 만든 **무선 네트워크를 선택**하고, **[연결] 단추를 클릭**합니다.

배움터

노트북에서 무선 네트워크에 접속하려면 먼저 노트북에 무선랜 카드가 설치되어 있어야 하고, 노트북에 와이파이가 켜져 있어야 합니다.(노트북 키보드 중 와이파이 모양의 키보드를 눌러서 켜면 되는데, F1 ~ F12 키 중에서 하나인 경우에는 Fn 키와 해당 키를 누르면 됩니다.)

02 네트워크 보안 키 입력에 내 스마트폰에서 설정한 **비밀번호를 입력**한 후 **[다음] 단추를 클릭**합니다.

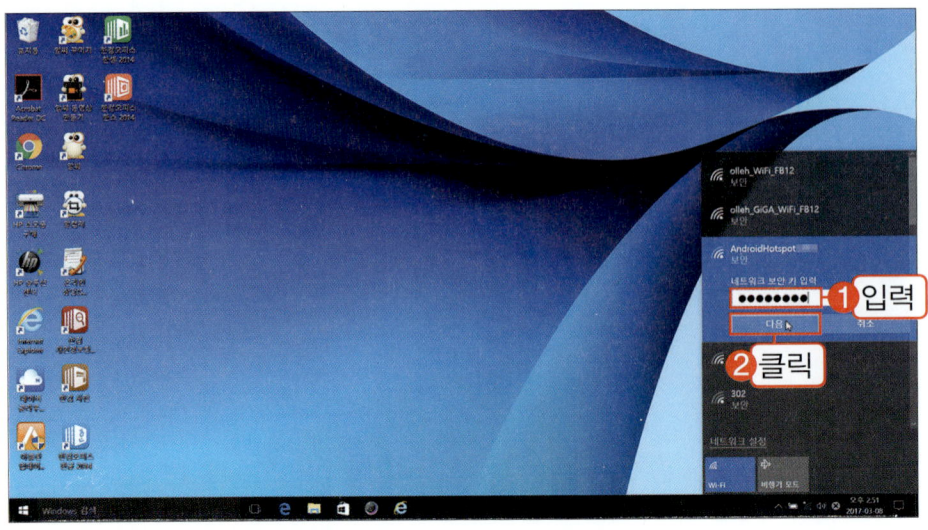

03 무선 네트워크 연결이 진행됩니다. 무선 네트워크 연결이 완료되면 내 스마트폰에서 만든 무선 네트워크에 '연결됨, 보안'이라고 표시됩니다.

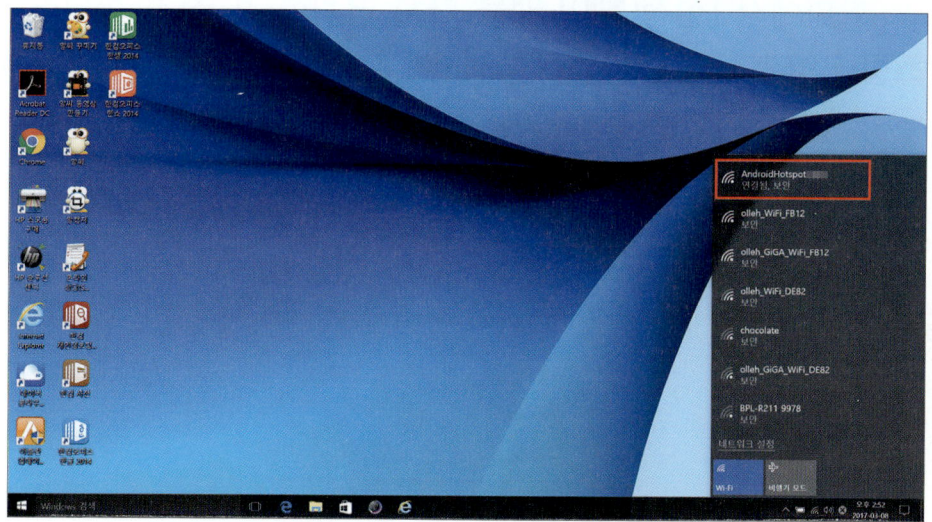

04 웹 브라우저를 실행하여 **인터넷에 접속해 봅니다.**

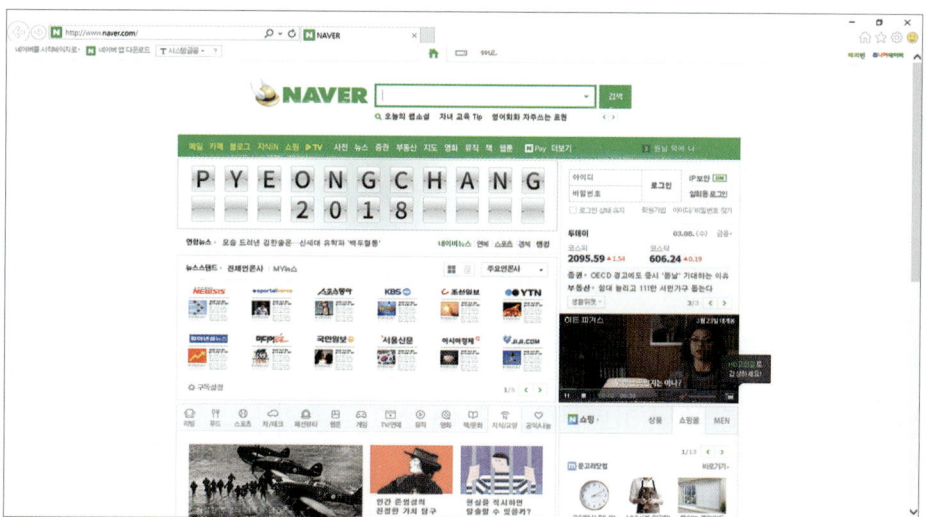

내 스마트폰에서 연결 확인하기

01 내 스마트폰의 홈 화면에서 [설정(⚙)] 앱을 다시 터치한 후 설정 화면에서 [연결]-[모바일 핫스팟 및 테더링]을 차례로 터치한 후 [모바일 핫스팟]을 터치합니다. '연결된 디바이스'에서 연결된 노트북을 확인할 수 있습니다.

배움터 — 스마트폰에서 핫스팟 연결하기

- 모바일 데이터가 연결되지 않은 다른 스마트폰에서도 내 스마트폰의 모바일 핫스팟에 접속하여 인터넷 연결을 할 수 있습니다.

01 홈 화면에서 [설정(⚙)] 앱을 터치하여 [연결]을 터치한 후 [Wi-Fi]를 터치합니다. 내 스마트폰에서 만든 무선 네트워크를 선택합니다.

 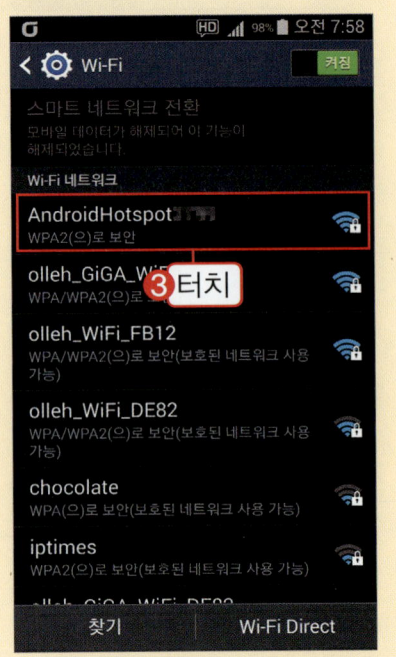

64 • 스마트한 생활을 위한 스마트폰 고급 활용 테크닉

02 네트워크 보안 키 입력에 내 스마트폰에서 설정한 비밀번호를 입력한 후 [연결] 단추를 터치합니다.

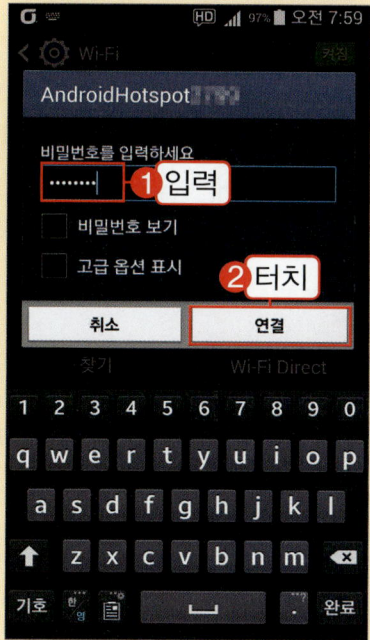 

- 내 스마트폰에서 확인하면 모바일 핫스팟의 '연결된 디바이스'에서 연결된 스마트폰을 확인할 수 있습니다.

모바일 핫스팟 설정 변경하기

🖱 허용된 디바이스 추가하기

01 모바일 핫스팟 화면의 [연결된 디바이스]에서 연결된 노트북의 ➕를 **터치**하면 허용된 디바이스에 추가할 수 있습니다. [허용된 디바이스에 추가] 창에 **[추가]를 터치**합니다.

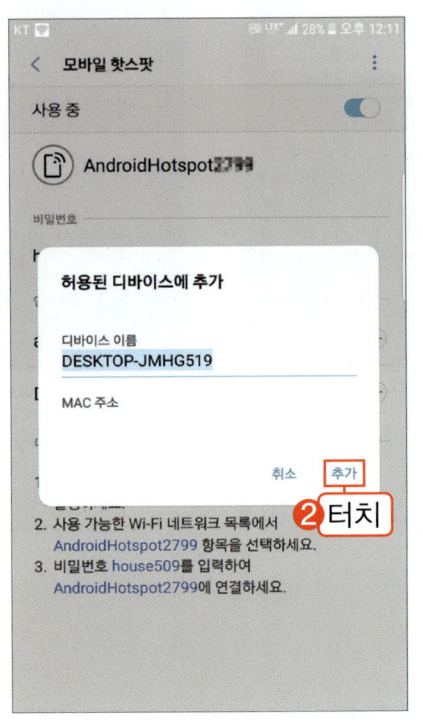

02 모바일 핫스팟의 ⋮를 터치하여 **[허용된 디바이스]**를 **터치**하면 추가된 허용된 디바이스를 확인할 수 있습니다. [허용된 디바이스만]의 **활성화 단추를 터치**하면 [디바이스 연결 해제] 창이 나타납니다. **[다시 시작]을 터치**합니다.

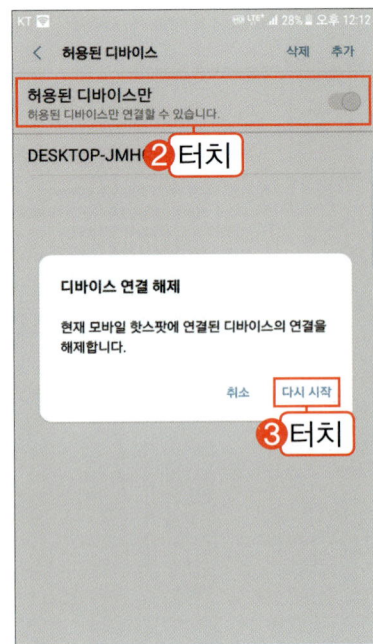

03 허용된 디바이스만 허용한 후 <를 **터치**하여 이전 화면으로 이동합니다. 연결된 디바이스에서 허용된 디바이스만 연결된 것을 확인할 수 있습니다.

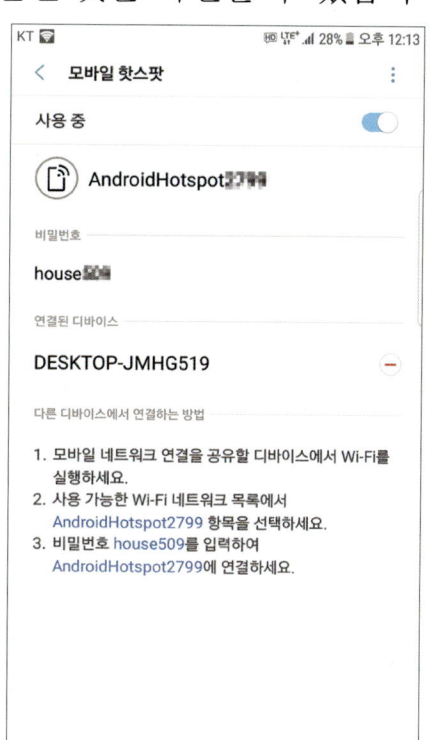

모바일 핫스팟 자동 해제 설정하기

01 [연결된 디바이스]에서 **허용된 디바이스의** ⊖**를 터치**하면 [허용된 디바이스 목록에서 삭제] 창이 나타납니다. **[삭제]를 터치**합니다.

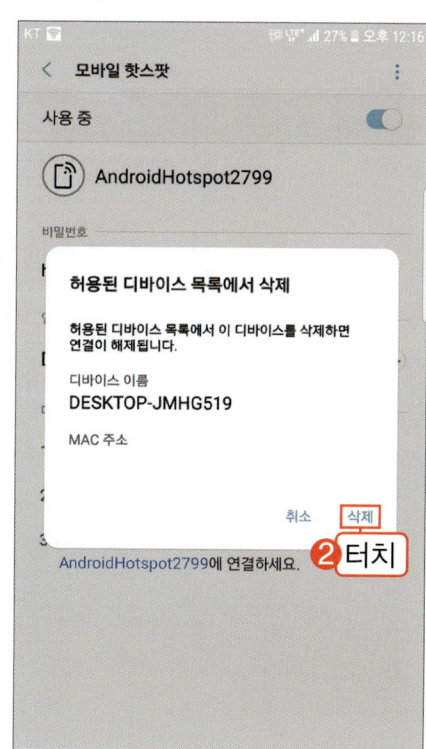

05 스마트폰을 와이파이 공유기로 사용하기 • **67**

02 연결된 디바이스가 없을 때 모바일 핫스팟의 ⋮를 터치한 후 [자동 해제 설정]을 터치합니다. [자동 해제 설정] 창에서 **해제할 시간을 선택**하면 설정한 시간 이후에 모바일 핫스팟이 자동 해제됩니다.

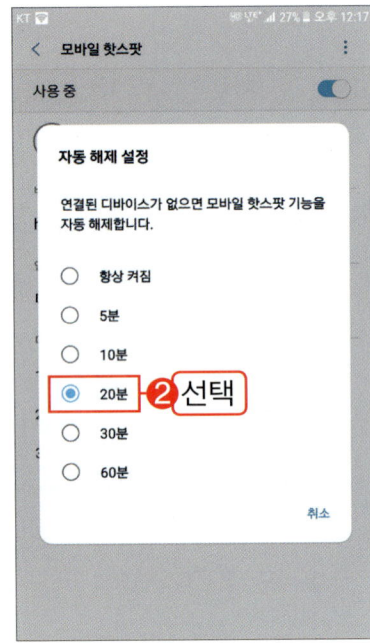

배움터 모바일 핫스팟의 비밀번호 변경 방법

모바일 핫스팟의 ⋮를 터치한 후 [모바일 핫스팟 설정]을 선택합니다. [모바일 핫스팟 설정] 창에서 '네트워크 이름'과 '비밀번호'를 다시 각각 입력하여 변경할 수 있습니다. 변경 사항은 [저장]을 터치하여 저장할 수 있습니다.

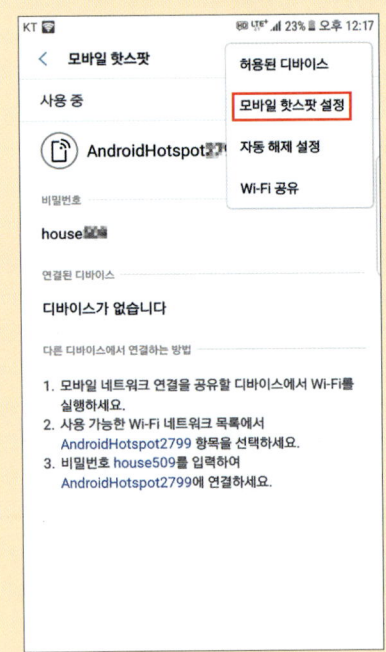
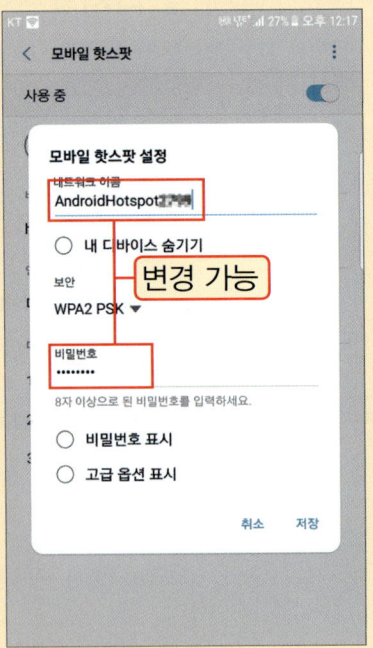

04 블루투스 테더링으로 인터넷 접속하기

01 블루투스로 인터넷 연결을 공유하기 위해 [모바일 핫스팟 및 테더링] 화면에서 **[블루투스 테더링]을 터치**하면 활성화됩니다. 스마트폰 상단에 블루투스(✻) 아이콘이 표시됩니다.

02 모바일 네트워크가 연결되지 않은 태블릿의 홈 화면에서 [설정(⚙)] 앱을 터치합니다. **[연결]을 터치**하고 **[블루투수]를 켠 후** '사용할 수 있는 기기'에서 블루투스 테더링을 실행한 **내 스마트폰을 터치**합니다. 태블릿 상단에 블루투스(✻) 아이콘이 표시됩니다.

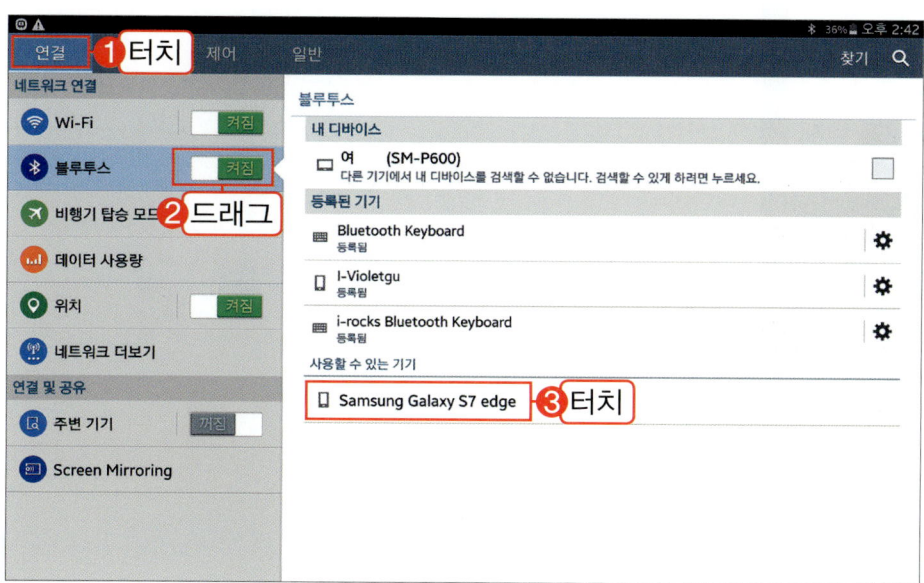

03 [블루투스 등록 요청] 창의 **[확인] 단추를 터치**하여 블루투스할 내 스마트폰을 등록합니다.

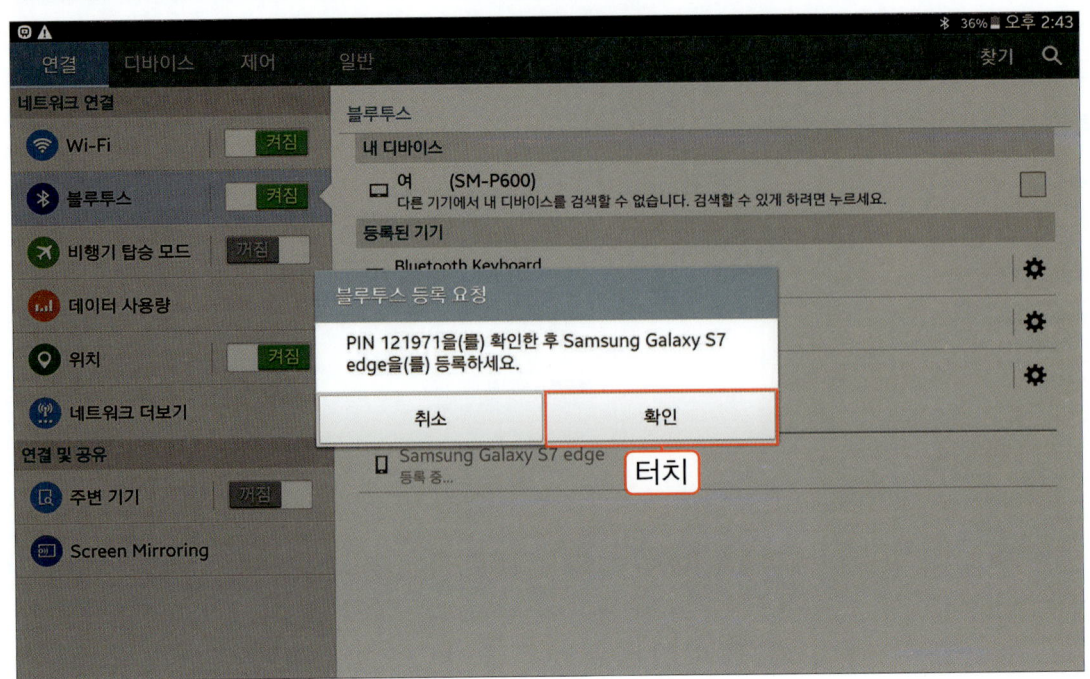

04 내 스마트폰에 [블루투스 연결 요청] 창이 나타납니다. 내가 연결하고자 하는 태블릿의 블루투스 연결 요청 사항인지 확인한 후 **[확인]을 터치**합니다.

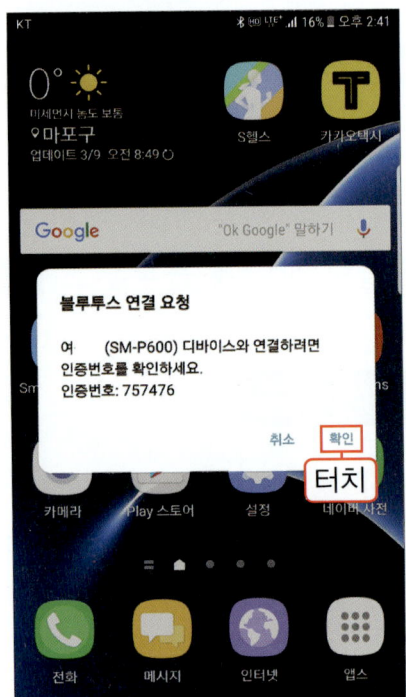

05 '등록된 기기' 중 **블루투스 테더링을 실행한 내 스마트폰을 터치**하여 연결합니다. 태블릿 상단에 블루투스 테더링( ) 아이콘이 표시됩니다.

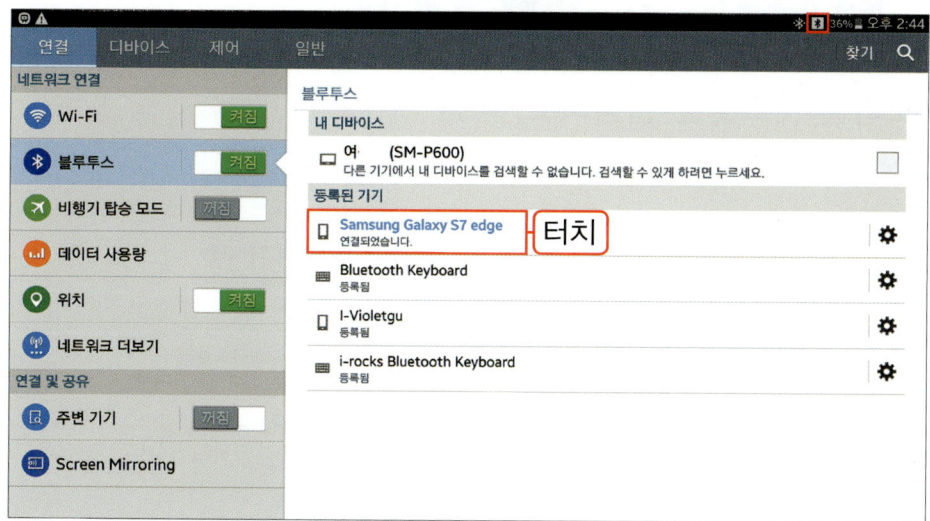

06 모바일 네트워크가 연결되지 않은 태블릿의 웹 브라우저 앱(구글, 인터넷, 네이버 등)을 터치하여 인터넷에 접속되는지 확인합니다.

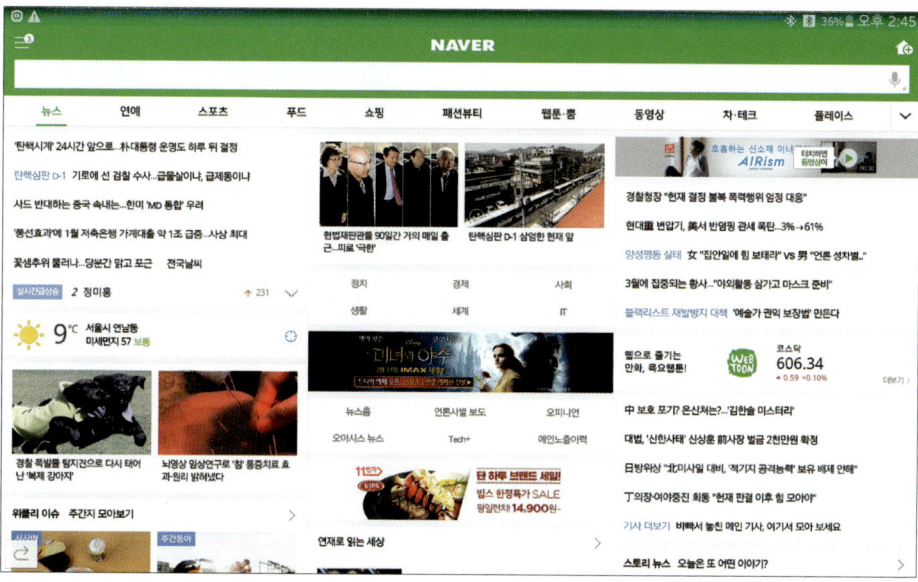

1 내 스마트폰의 모바일 핫스팟을 실행하고, 다음처럼 모바일 핫스팟을 설정해 봅니다.

- 네트워크 이름 : Share03
- 비밀번호 : office99

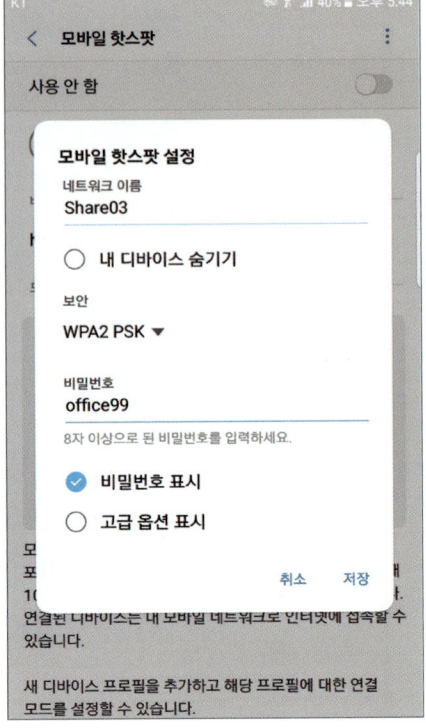

2 모바일 핫스팟이 연결된 디바이스가 없을 때 30분 후에 자동 해제되도록 설정해 봅니다.

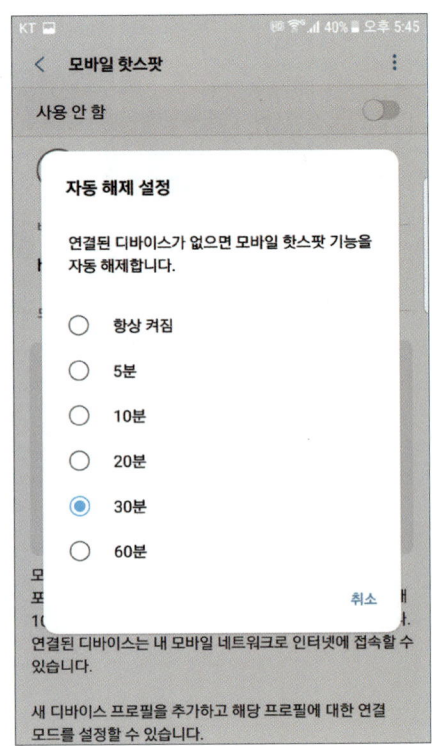

06 내 스마트폰 최적화하기

사용하는 스마트폰이 느려지고, 용량이 부족하여 업데이트가 어렵다고 알림창이 나타날 때, 스마트폰을 바꿔야할지 서비스센터에 가야할지 고민스러울 때, 먼저 스마트폰을 최적화해 보아야 합니다. 여기서는 '시큐리티투데이' 앱을 설치하여 메모리를 최적화하고, 불필요한 파일을 삭제하여 용량을 확보해 보도록 하겠습니다. 잘 사용하지 않는 앱을 정리하는 방법에 대해서도 알아보겠습니다.

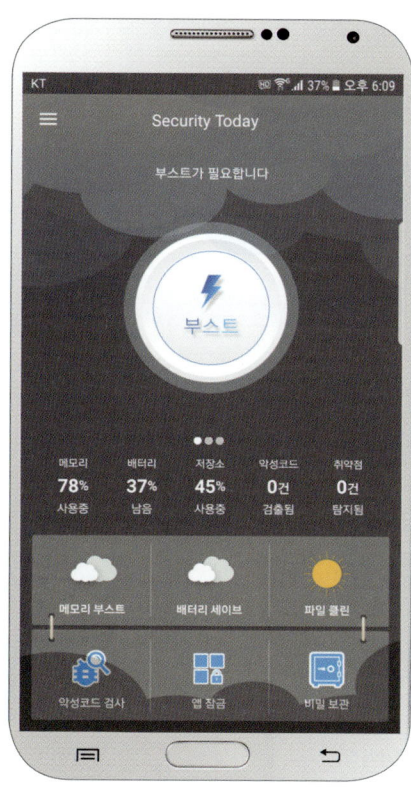

 무엇을 배울까요?

- ⋯ '시큐리티투데이' 앱 설치하기
- ⋯ 메모리 최적화하기
- ⋯ 배터리 사용시간 연장 방법 알아보기
- ⋯ 불필요한 파일 삭제하기
- ⋯ 악성코드와 URL 검사하기
- ⋯ 자주 사용하지 않는 앱 정리하기

01 '시큐리티투데이' 앱 설치하기

01 홈 화면에서 [Play 스토어()] 앱을 터치한 후 'Google Play' 검색창에 '시큐리티투데이'라고 입력하여 검색합니다. 관련 앱 목록 중에서 'Security Today'를 터치합니다.

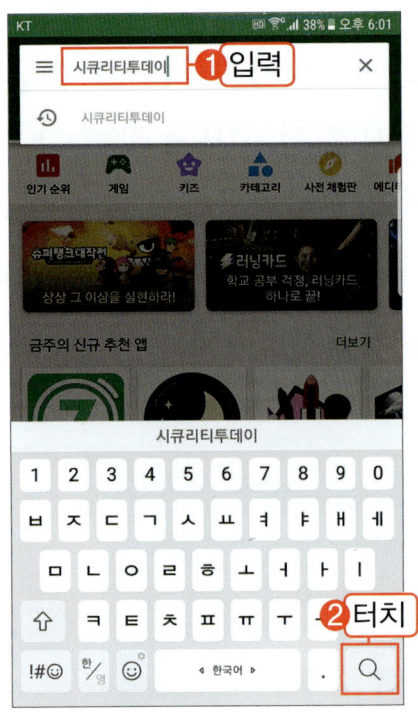 

02 시큐리티투데이를 설치하기 위해 [설치] 단추를 터치합니다. 설치를 위해 동의할 사항을 확인한 후 [동의] 단추를 터치하면 설치가 진행됩니다. 시큐리티투데이의 설치가 완료되면 [열기] 단추를 터치합니다.

 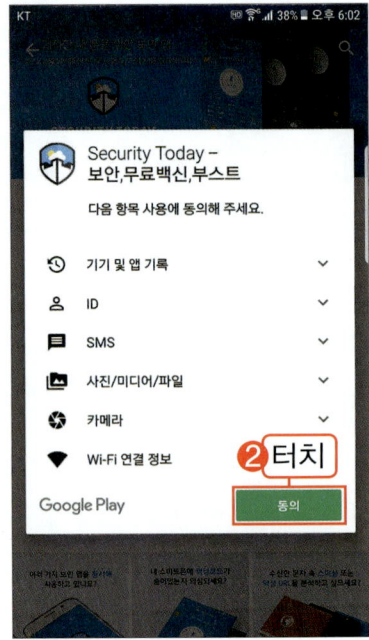 

 **배움터**

홈 화면에 추가된 [시큐리티투데이()] 앱을 터치하여 실행할 수 있습니다.

02 메모리 최적화하기

01 시큐리티투데이가 실행됩니다. 시큐리티투데이는 스마트폰의 상태를 날씨 상태로 알려주는 모바일 백신, 보안 앱입니다. 전체적으로 흐린 날씨로 표현하면 스마트폰의 상태가 좋지 않음을 뜻합니다. 메모리를 최적화하여 속도를 높이기 위해 **[메모리 부스트]**를 **터치**합니다.

 터치

06 내 스마트폰 최적화하기 • 75

02 부스트를 원하지 않는 앱을 **체크 해제**한 후 **[부스트]를 터치**합니다. 메모리 부스트 기능이 완료되면 확보된 메모리를 확인할 수 있습니다. **[닫기]를 터치**합니다. 시큐리티투데이의 홈 화면의 배경이 맑아지고, [메모리 부스트]에 해 모양이 표시됩니다.

03 배터리 관리와 불필요한 파일 정리하기

 배터리 관리하기

01 흐린 구름 모양으로 표시된 **[배터리 세이브]를 터치**합니다. 배터리 세이브 화면에서 세이브할 수 있는 앱의 개수가 표시되는데, **[세이브]를 터치**하여 배터리 사용시간을 연장합니다.

 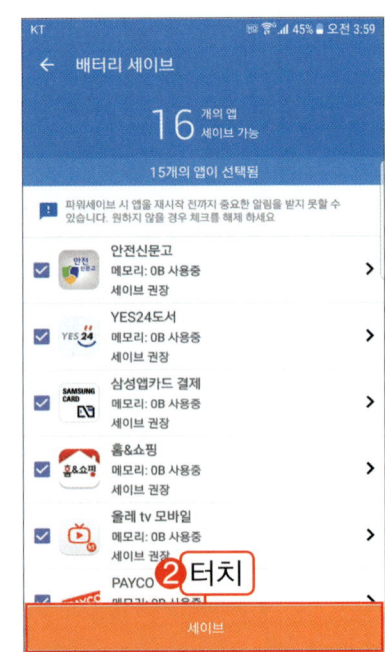

76 • 스마트한 생활을 위한 스마트폰 고급 활용 테크닉

02 알림 창이 표시되면 세이브 기능을 더욱 향상시키기 위해 **[파워세이브]를 터치**합니다. 파워세이브 기능을 실행하려면 접근성 권한을 허용해야 하기 때문에 접근성 설정 화면의 **[접근성 활성화]를 터치**합니다.

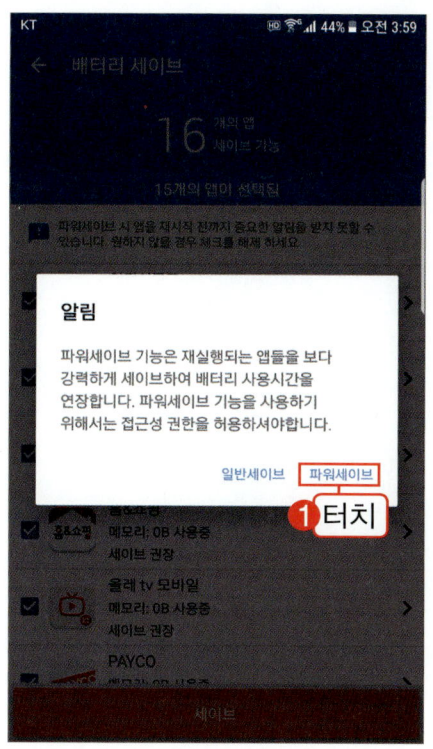 

> **배움터**
>
> 배터리 세이브 기능은 불필요하게 배터리를 소모하는 앱을 세이브하여 배터리 사용시간을 연장합니다. 일반세이브 기능을 실행할 경우에는 접근성 권한 허용없이 배터리를 세이브 할 수 있으나 강력하게 배터리 사용시간을 세이브하려면 파워세이브 기능을 실행하는 것이 좋습니다.

03 접근성 화면이 열리면 **[Security Today]를 터치**한 후 사용 중으로 활성화하기 위해 **[사용 안 함]을 터치**합니다. 권한 요청 알림 창이 나타나면 **[확인]을 터치**합니다.

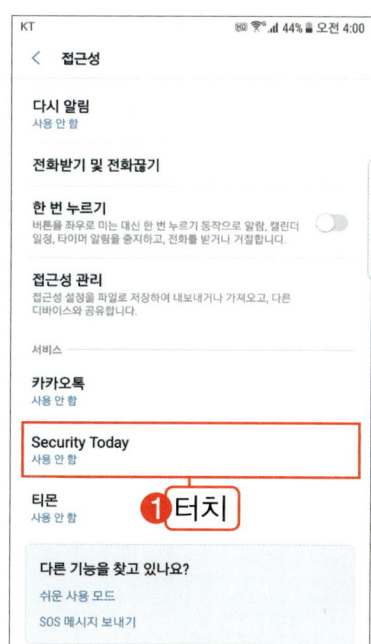 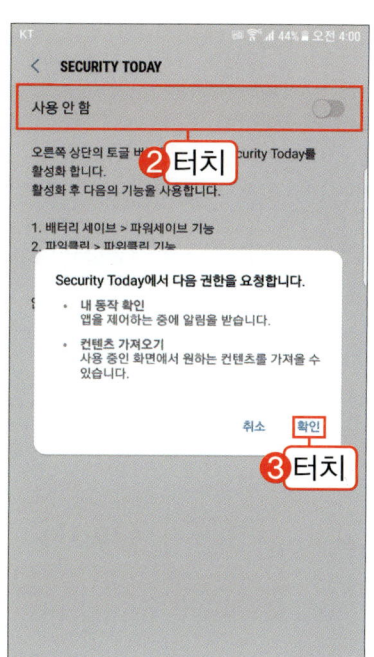

04 Security Today가 [사용 중]으로 활성화 된 것을 확인한 후, **시큐리티투데이 앱으로 이동**하면 배터리 세이브가 진행됩니다. 세이브를 원치 않을 때는 [취소]를 터치하여 중단할 수 있습니다.

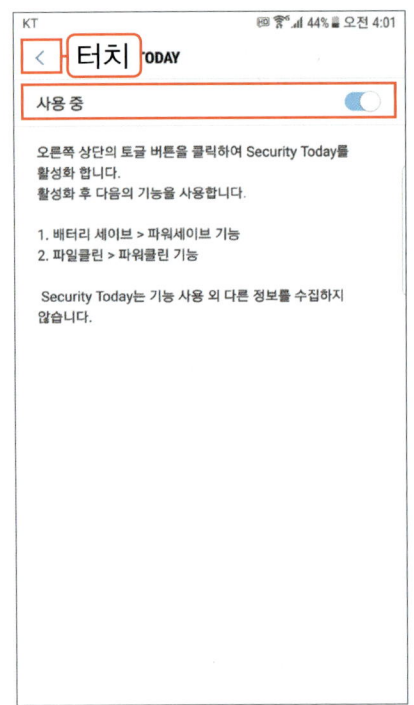 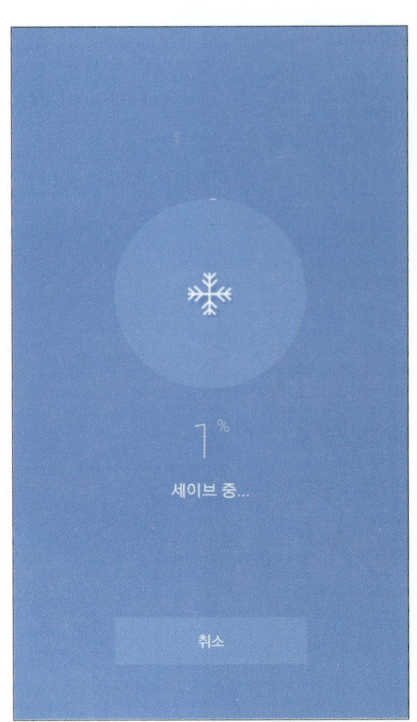

05 배터리 세이브가 100%까지 완료되면 배터리 세이브에서 세이브된 앱의 개수가 표시됩니다. **[닫기]를 터치**합니다. 시큐리티투데이 홈 화면의 배터리 세이브가 흐림 모양에서 해 모양으로 바뀐 것을 확인할 수 있습니다. 배터리를 전보다 연장해서 사용할 수 있습니다.

불필요한 파일 정리하기

01 불필요한 파일을 정리하기 위해서 **[파일 클린]을 터치**합니다. 주기적으로 자동 생성되는 섬네일이나 임시 파일 등을 정리하기 위해 **[정리]를 터치**합니다.

02 파일 클린이 진행되고, 100%로 완료되면 상단에 정리된 파일 용량이 표시됩니다. 주기적으로 파일 클린을 진행하면 불필요한 파일을 정리해서 용량을 확보할 수 있습니다. **[닫기]를 터치**합니다.

04 악성코드 검사하고 앱 관리하기

악성코드 검사하기

01 시큐리티투데이 홈 화면의 [**악성코드 검사**]를 **터치**하여 악성코드 검사를 시작합니다.

02 악성코드 검사를 해서 문제가 있는 파일은 치료하거나 격리 조치하고 아무 이상이 없을 경우에는 [**URL 검사하기**]를 **터치**하여 악성 URL 검사를 진행합니다.

03 악성 URL 검사가 완료되고 탐지된 악성 URL이 없으면 [닫기]를 터치합니다. 시큐리티투데이 홈 화면으로 이동되면 기기가 최적의 상태로 악성코드, 취약점이 각각 0건인 것을 확인할 수 있습니다.

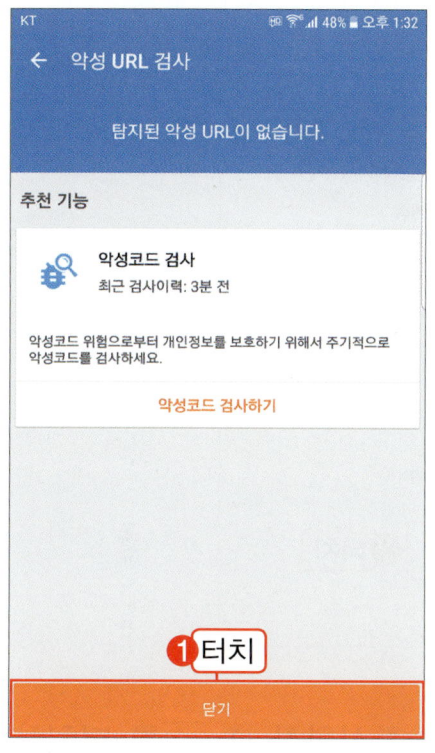 

앱 관리하기

01 시큐리티투데이 홈 화면 상단 좌측의 ☰를 터치하여 [내 앱 관리]를 터치합니다. 내 앱 관리에서 [앱 사용시간] 탭을 터치한 후 접근성 설정을 활성화하기 위해 [접근성 설정]을 터치합니다.

  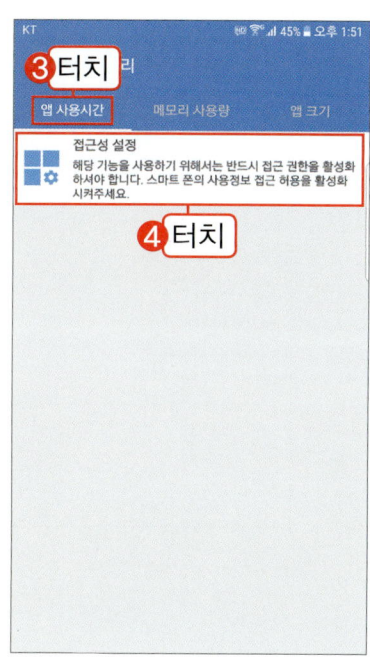

02 접근성 설정의 **[접근성 활성화]**를 **터치**합니다. 사용정보 접근 허용 화면이 나타나면 **[Security Today]**를 **터치**합니다.

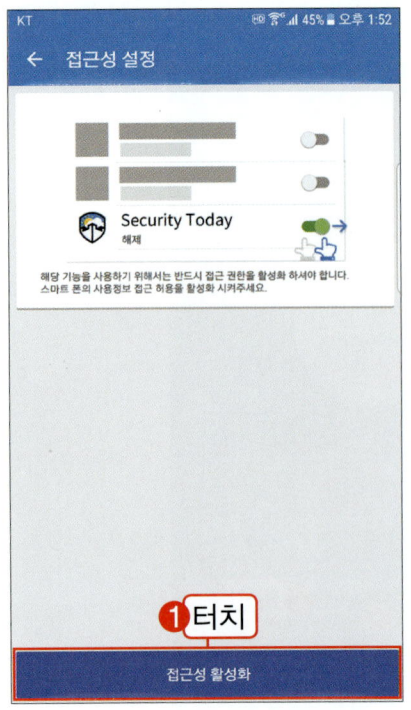 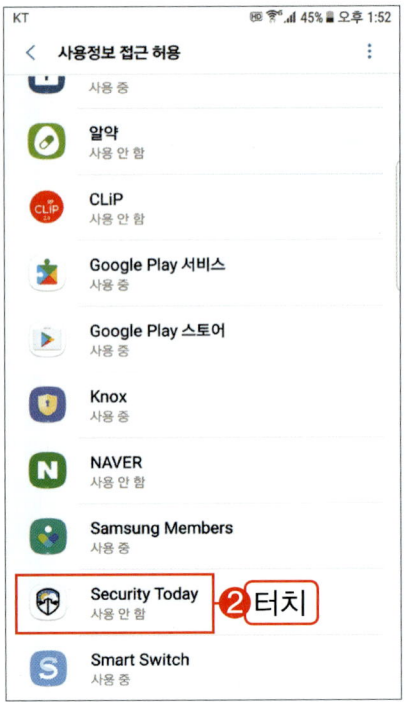

03 Security Today의 **[사용 추적 허용]**을 **터치**하여 활성화한 후 ◁를 **터치**하여 다시 시큐리티투데이의 내 앱 관리 화면으로 되돌아갑니다. 그러면 일간, 주간, 월간별로 많이 사용한 앱을 순위별로 볼 수 있습니다.

 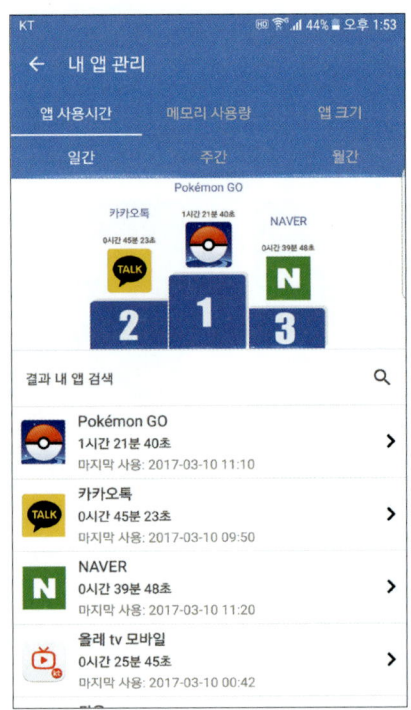

04 [메모리 사용량], [앱 크기] 탭을 각각 터치하여 앱 순위를 살펴봅니다.

 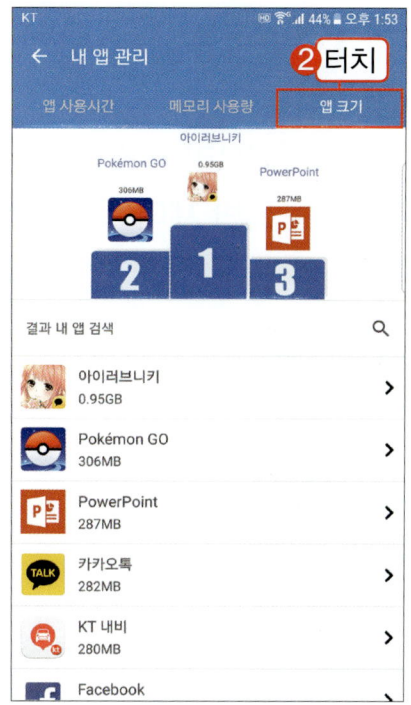

05 [앱 사용시간]을 터치한 후 [월간]을 터치하여 스크롤을 가장 아래쪽으로 이동하면 한 달 동안 가장 적게 사용한 앱을 살펴볼 수 있습니다. 가장 적게 사용한 앱을 터치합니다. [앱 삭제]를 터치한 후 [이 앱을 제거하시겠습니까?] 창이 나타나면 [확인]을 터치합니다.

 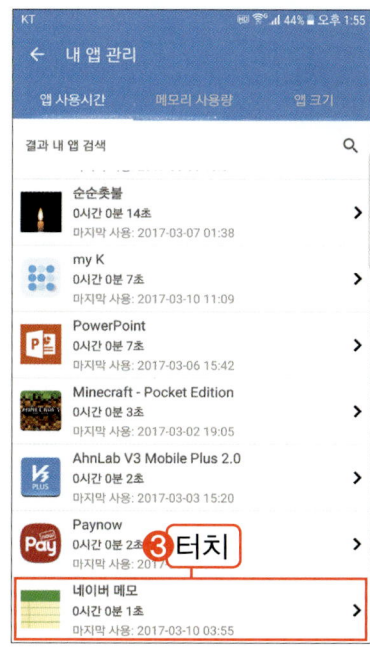 

1 시큐리티투데이 앱의 [메모리 부스트]에서 '이메일'과 '연락처'는 제외하고 최적화하고, 배터리 세이브는 일반 세이브로 사용시간을 연장해 봅니다.

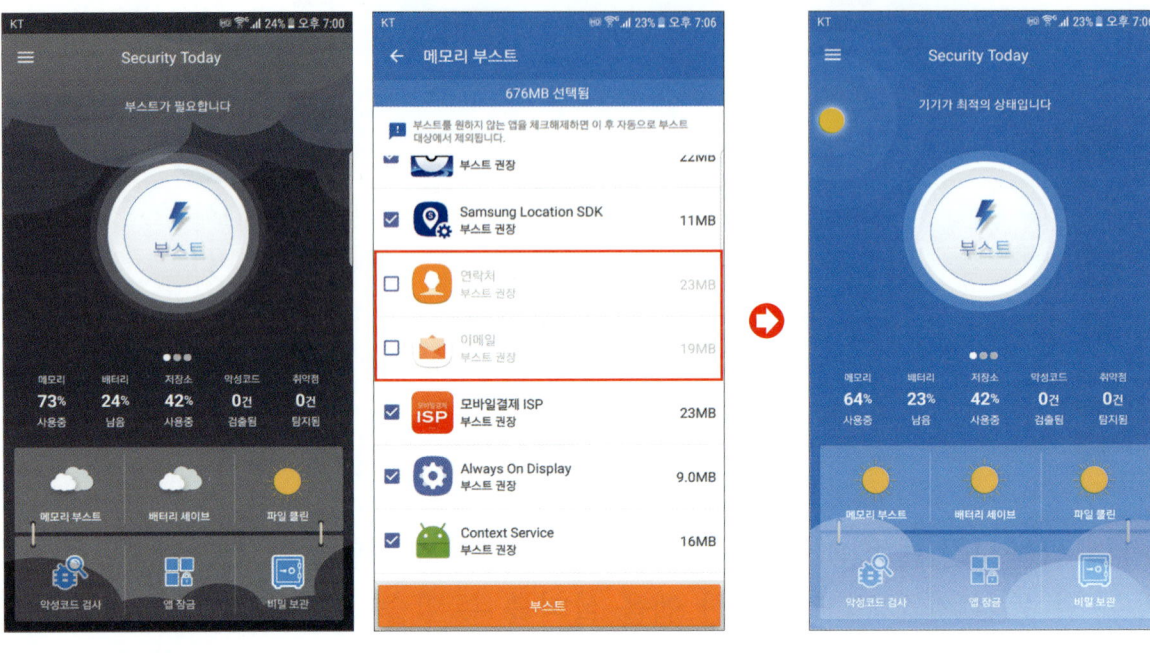

2 시큐리티투데이 앱의 [내 앱 관리]에서 한 주간 동안 가장 오래 사용한 앱 1, 2, 3위를 알아봅니다.

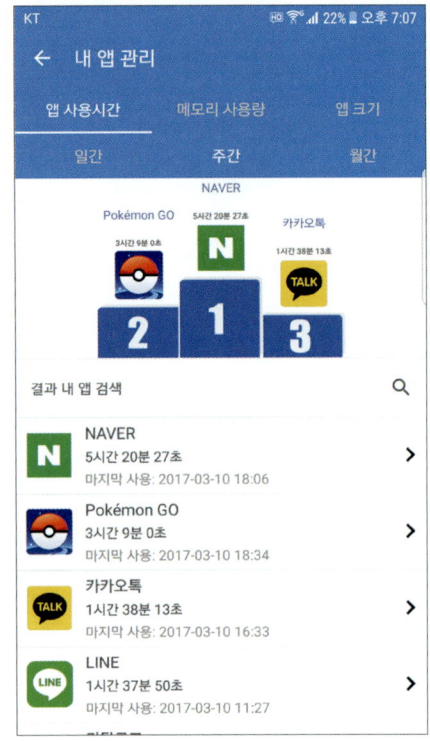

07 메시지 고급 기능 사용하기

'메시지' 앱을 활용하여 단순하게 문자를 주고받는데만 사용하는 것이 아니라 여러 사람에게 단체 문자를 보낼 수도 있고, 특정일에 예약 문자를 보낼 수도 있습니다. 중요한 메시지는 보호하고, 광고 문자는 스팸 처리하는 방법까지 알아보겠습니다.

  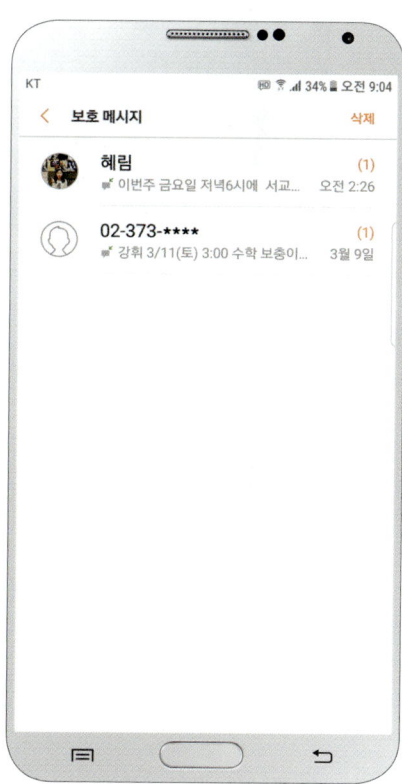

 무엇을 배울까요?

- ⋯ 그룹별 단체 문자 보내기
- ⋯ 특정 날짜에 예약 문자 설정하기
- ⋯ 받은 문자 전달하고 공유하기
- ⋯ 특정 연락처 문자로 공유하기
- ⋯ 보호/보호 해제 메시지 설정하기

07 메시지 고급 기능 사용하기 • 85

그룹별 단체 문자 보내기

01 단체 문자를 보내기 전에 먼저 연락처 그룹을 만들기 위해 홈 화면에서 **[연락처(**☺**)] 앱을 터치**합니다. 상단 우측의 ⋮**를 터치**하여 **[그룹]을 터치**합니다.

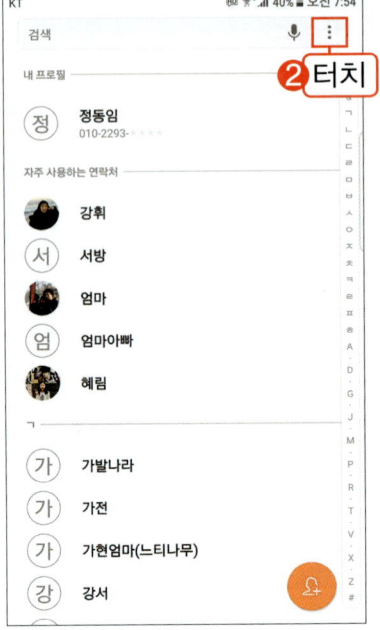
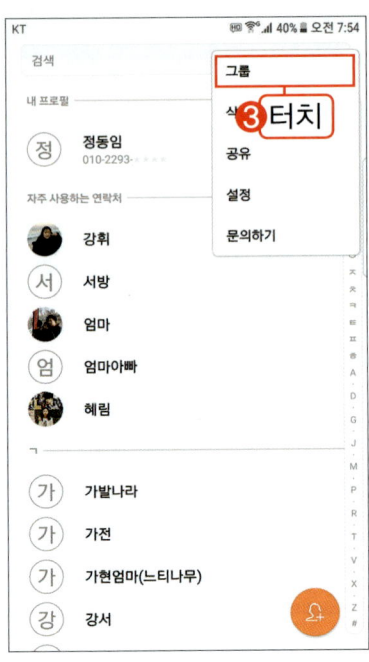

02 그룹을 추가하기 위해 상단 우측의 **[추가]를 터치**하고 추가할 그룹 이름을 **[그룹 이름]에 입력**합니다. 그룹에 멤버를 추가하기 위해 그룹원 추가의 ⊕**를 터치**합니다.

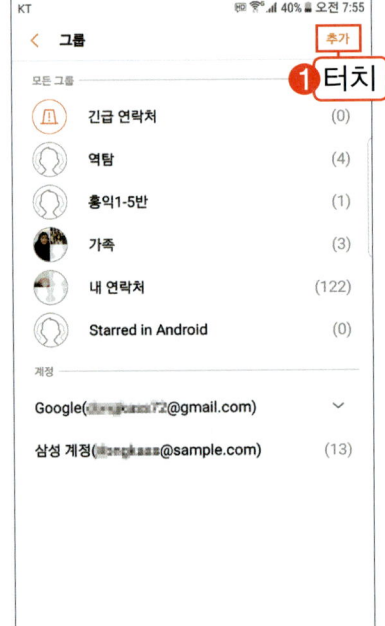

배움터

그룹 중 [내 연락처]를 선택하여 메시지를 전송하면 내 연락처에 등록되어 있는 모든 사람에게 메시지를 보낼 수 있습니다.

03 검색창에 **추가할 사람의 이름을 입력**하면 관련된 연락처가 검색됩니다. 추가할 사람을 선택하면 그룹에 추가되므로, **다른 사람도 같은 방법으로 추가**한 후 [완료]를 터치합니다.

04 그룹 이름, 그룹원 추가가 완료되었으면 [**저장**]을 터치합니다. 추가된 상단 우측의 ⋮를 터치하여 [메시지 보내기]를 선택합니다.

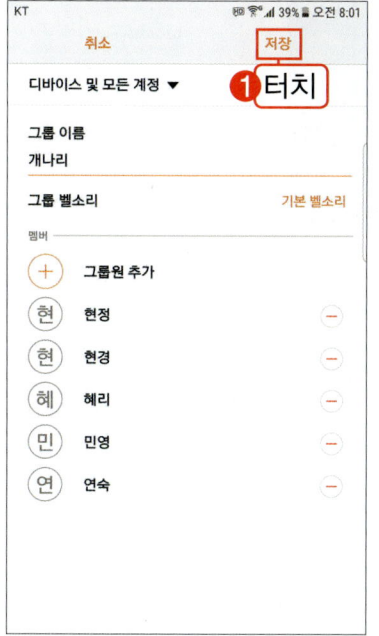  

05 메시지 입력란에 **메시지를 입력**하고 [보내기] 단추를 **터치**하면 그룹원 모두에게 단체 메시지가 전송된 것을 확인할 수 있습니다.

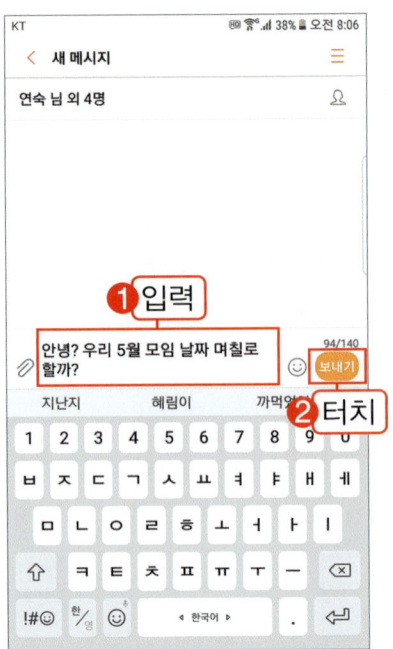

배움터 [메시지(📩)] 앱으로 단체 문자 보내기

01 홈 화면에서 [메시지(📩)] 앱을 터치한 후 ✏️를 터치합니다.

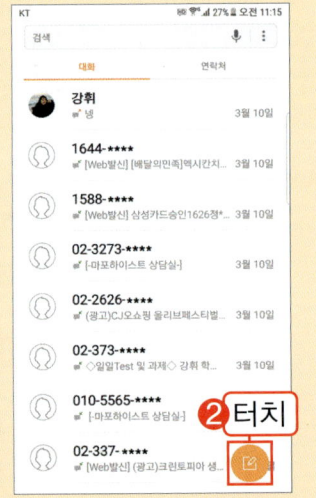

02 [그룹] 탭을 터치하고 단체 문자를 보내려는 그룹을 선택합니다.

03 그룹원 전체에게 메시지를 보내려면 '전체'를 선택하고 [작성] 단추를 터치합니다.

04 메시지 입력란에 메시지를 입력한 후 [보내기] 단추를 터치하여 단체 문자를 구성원에게 보냅니다.

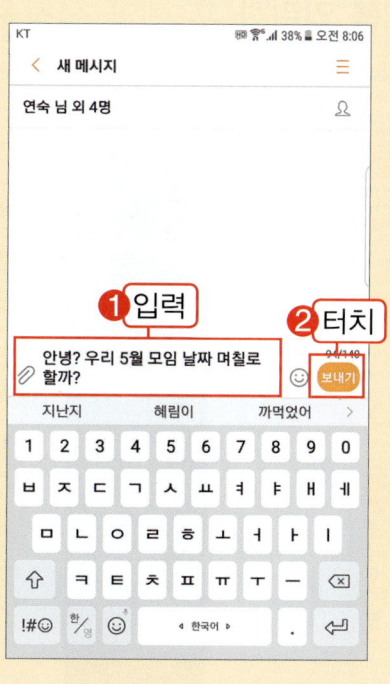

02 예약 문자 보내기

01 홈 화면에서 [메시지()] 앱을 **터치**한 후 메시지를 작성하기 위해 를 **터치**합니다. 검색창에 받을 사람의 **이름을 검색**하면 관련된 사람의 목록이 표시됩니다. **받을 사람을 체크하여 선택**한 후 [작성] 단추를 **터치**합니다.

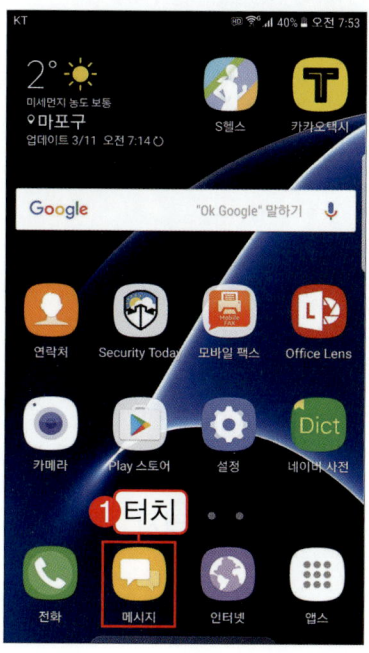

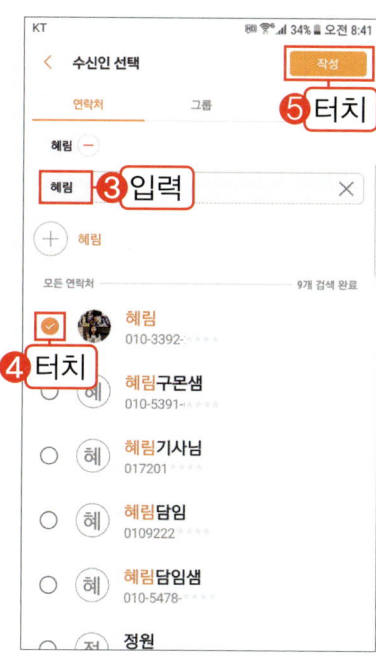

02 메시지 입력란에 **메시지를 입력**한 후 예약 설정을 하기 위해 ☰를 **터치**하고 [보내기 설정]을 **선택**합니다.

 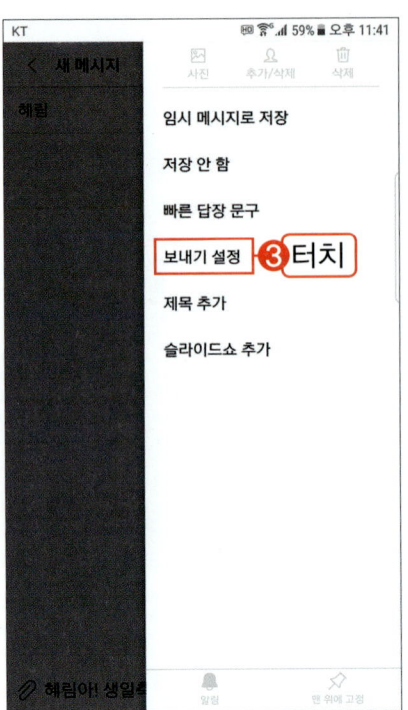

03 [메시지 전송 예약]을 **터치**하여 예약 전송할 **날짜와 시간을 설정**한 후 [완료]를 **터치**합니다.

 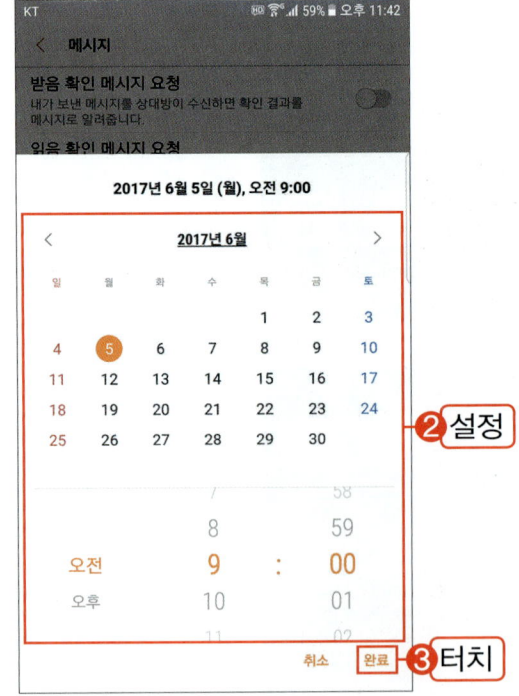

04 를 **터치**하여 문자를 예약 전송합니다. 해당 예약 시간에 전송됩니다.

03 받은 메시지 전달하고 공유하기

 받은 메시지 전달하기

01 새로 문자 메시지를 받으면 읽지 않은 메시지가 숫자로 표시됩니다. 받은 메시지를 읽기 위해 **[메시지( )] 앱을 터치**합니다. 새로 받은 **메시지를 터치**합니다.

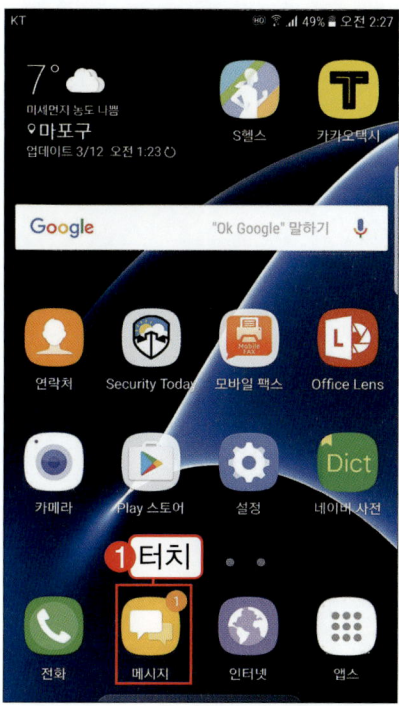 

07 메시지 고급 기능 사용하기 • **91**

02 메시지를 보낸 사람과의 현재까지의 메시지를 모두 볼 수 있습니다. 새로 받은 **메시지를 길게 누르면 메시지 옵션이 표시**되는데, 그 중 **[전달]을 터치**합니다. 해당 메시지를 그대로 다른 사람에게 전달할 수 있게 새 메시지 창이 나타납니다.

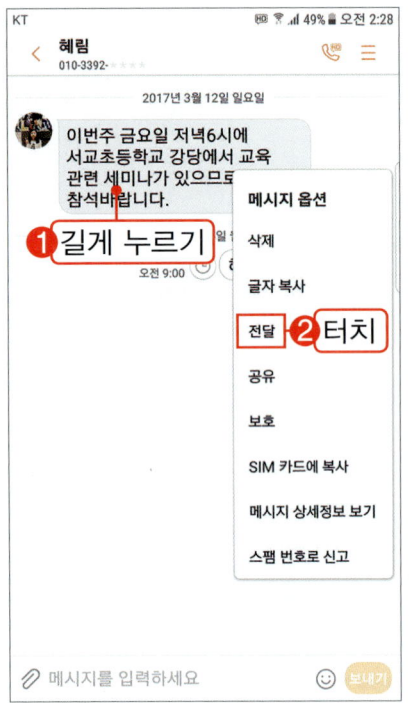 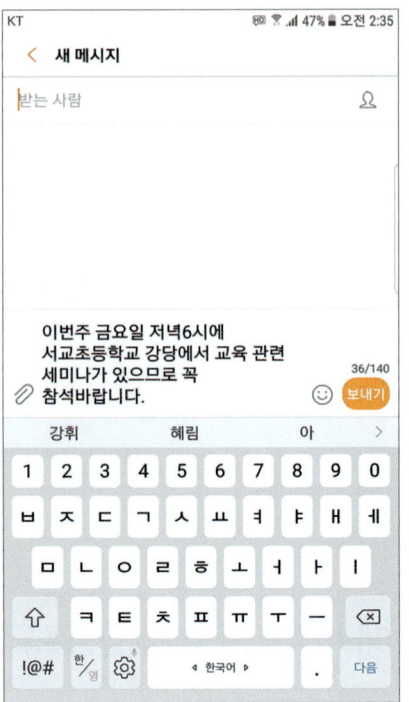

03 '받는 사람'에 보낼 사람의 **이름을 입력**하면 관련 연락처 목록이 표시됩니다. 보낼 사람의 **연락처를 선택**한 후 **[보내기] 단추를 터치**합니다. 메시지 목록에 전달된 메시지를 확인할 수 있습니다.

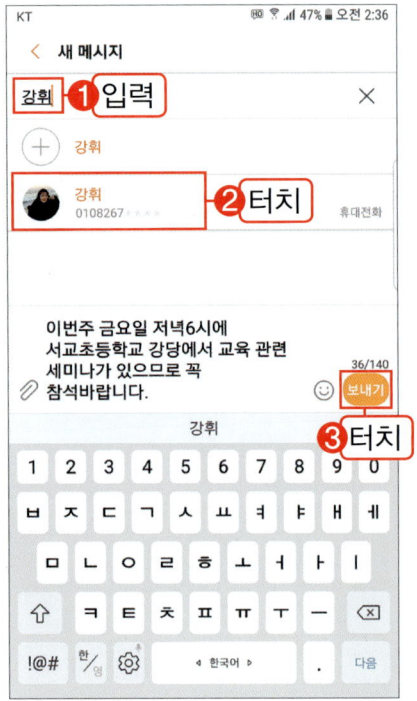 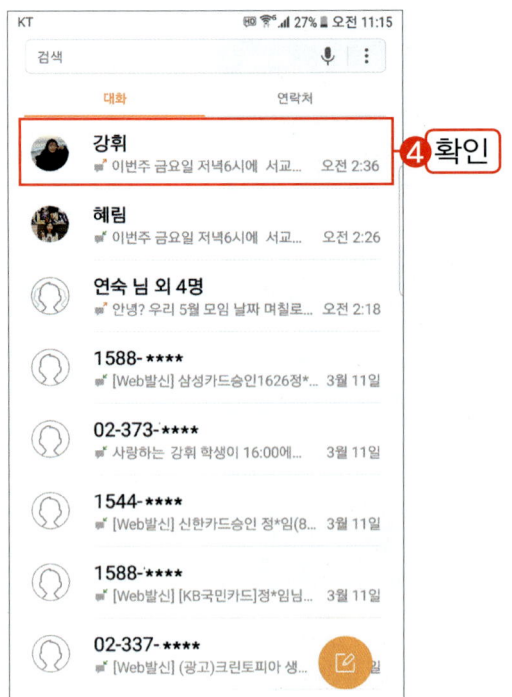

받은 메시지 공유하기

01 받은 메시지 중 공유할 **메시지를 길게 누르면** 메시지 옵션이 표시되는데, 그 중 **[공유]를 터치**합니다. 하단에 내 스마트폰에 설치된 **공유 앱 중 하나를 터치**합니다. 같은 방법으로 다른 공유 앱으로 메시지를 공유할 수 있습니다.

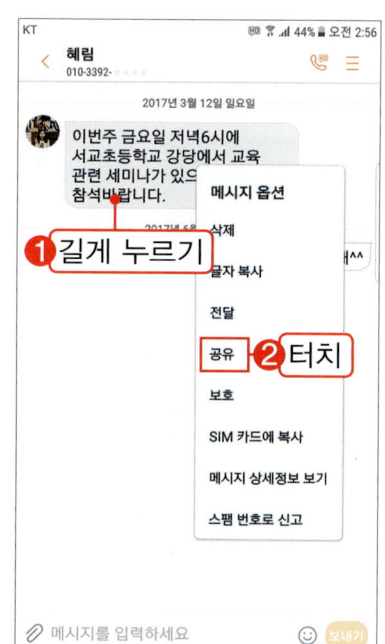 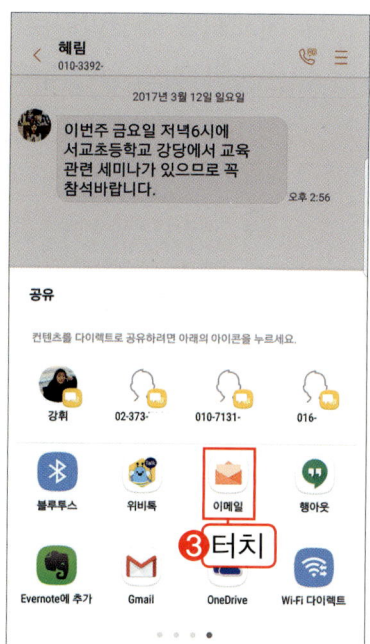

> **배움터**
>
> 사용자의 스마트폰에 설치된 공유 앱 목록에 따라 하단에 표시되는 공유 앱이 그림과 다를 수 있습니다.

02 이메일이 자동으로 실행되면 받는 사람 **이메일 주소를 입력**하고 **[보내기]를 터치**하여 공유합니다. 공유 받은 사람은 [이메일(📧)] 앱에서 메시지를 확인할 수 있습니다.

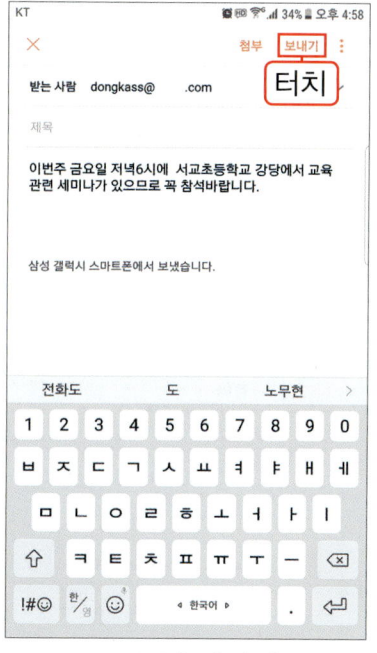 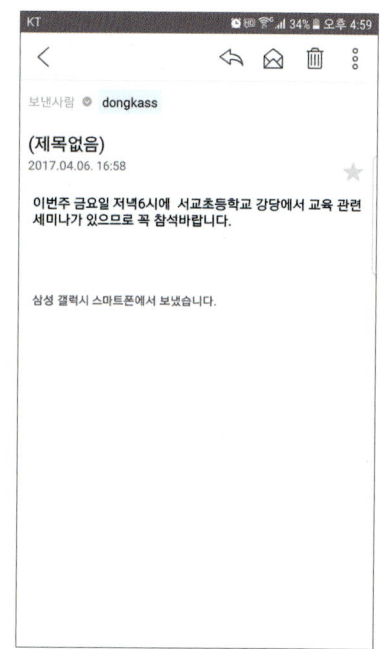

▲ 보낸 메시지   ▲ 받은 메시지

배움터 연락처 공유

01 메시지를 주고받다보면 특정인의 연락처를 상대방이 공유해달라고 하는 경우가 있습니다. 받은 메시지의 상단 우측의 ☰를 터치하고 [연락처 공유]을 터치합니다.

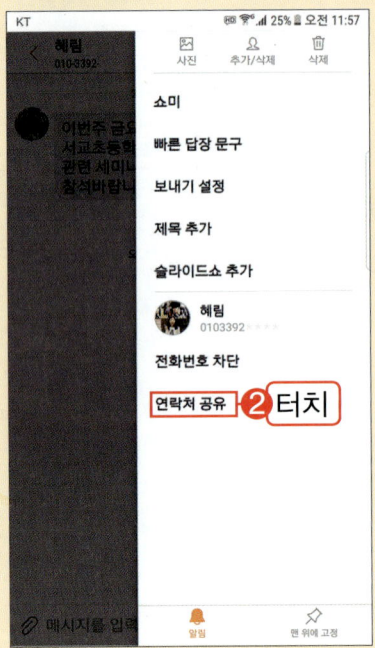

02 하단에 공유 앱 중 [메시지]를 터치하면 새 메시지에 연락처가 자동으로 메시지 창에 추가가 됩니다.

03 '받는 사람'에 보낼 상대방의 이름으로 검색하여 연락처를 추가한 후 [보내기] 단추를 터치하여 메시지를 보냅니다.

04 받은 메시지 보호하기

메시지 보호 설정하기

01 메시지를 상대방과 주고받다가 특정 메시지를 보호하고 싶을 때 **보호할 메시지를 터치**합니다. 보호할 메시지 창의 상단 우측의 ▤를 **터치**하고 **[보호]를 선택**합니다. 메시지가 보호 처리되면서 메시지에 🔒아이콘이 표시됩니다.

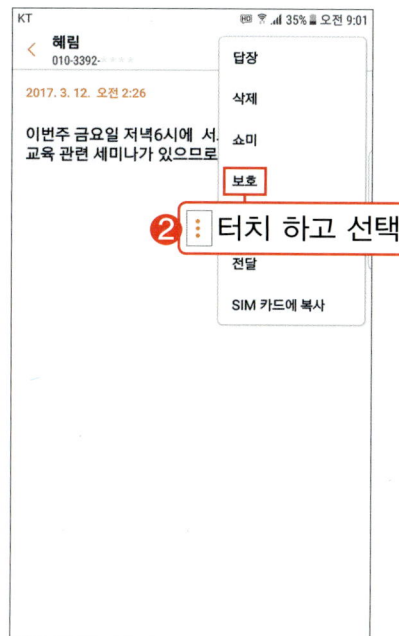

배움터

보호 메시지를 해제하려면 ▤를 터치하고 [보호 해제]를 터치하여 보호 해제할 수 있습니다.

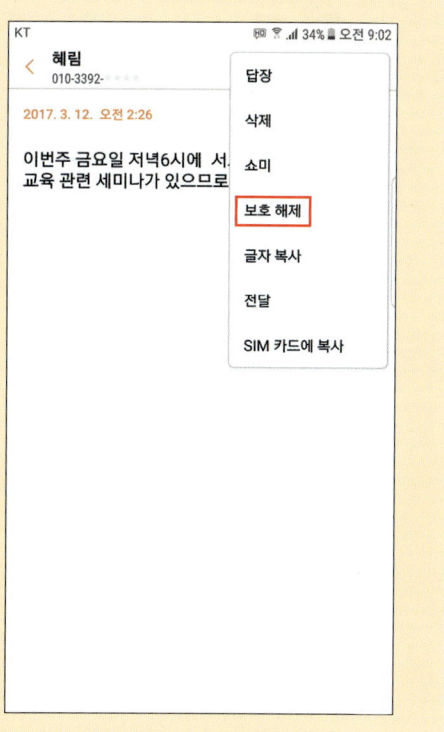

보호 메시지 확인 및 보호 해제하기

01 메시지 목록에서는 보호 메시지를 구별해서 볼 수 없습니다. 상단 우측의 ⋮를 **터치**하여 **[보호 메시지]를 선택**합니다.

02 보호 메시지만 모아서 볼 수 있습니다. 그 중 **하나를 선택**한 후 **[편집]을 터치**합니다.

 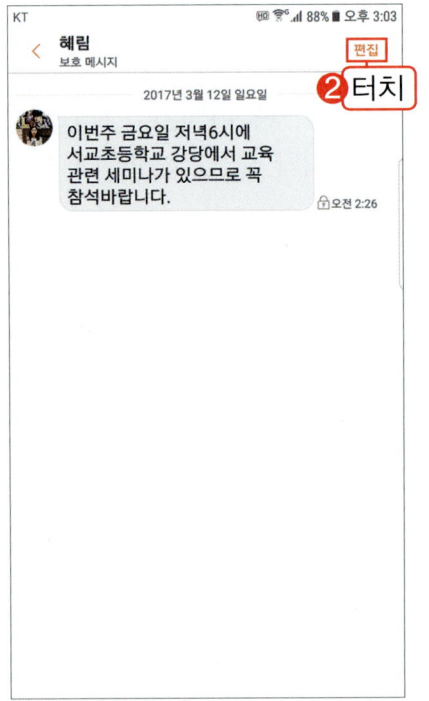

03 터치한 메시지를 보호 해제할 수도 있고, 삭제할 수도 있습니다. 여기서는 보호만 해제하기 위해 **[보호 해제]를 터치**합니다. 그러면 보호 메시지 목록에 보호 해제한 메시지는 보이지 않습니다.

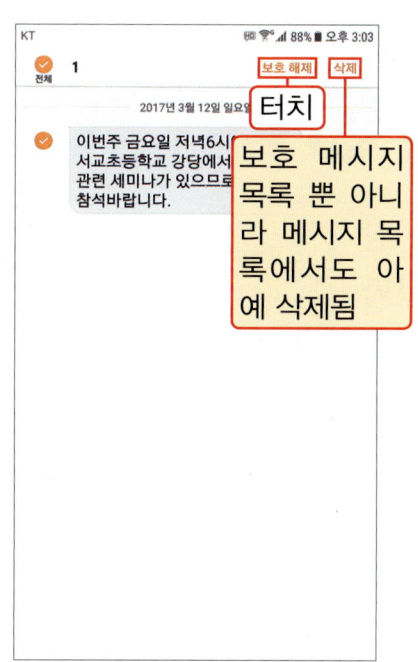

배움터 스팸 번호 신고하기

01 광고 메시지를 자주 보내는 전화번호를 스팸 신고하고 전화번호를 차단하려면 해당 광고 메시지를 길게 누릅니다.

02 메시지 옵션이 표시되면 [스팸 번호로 신고]를 터치합니다.

03 스팸 번호로 신고하고 스팸 번호로 추가한다는 알림 창에 [확인] 단추를 터치합니다. 해당 전화번호가 스팸 신고되고 전화번호가 차단됨을 알려 줍니다.

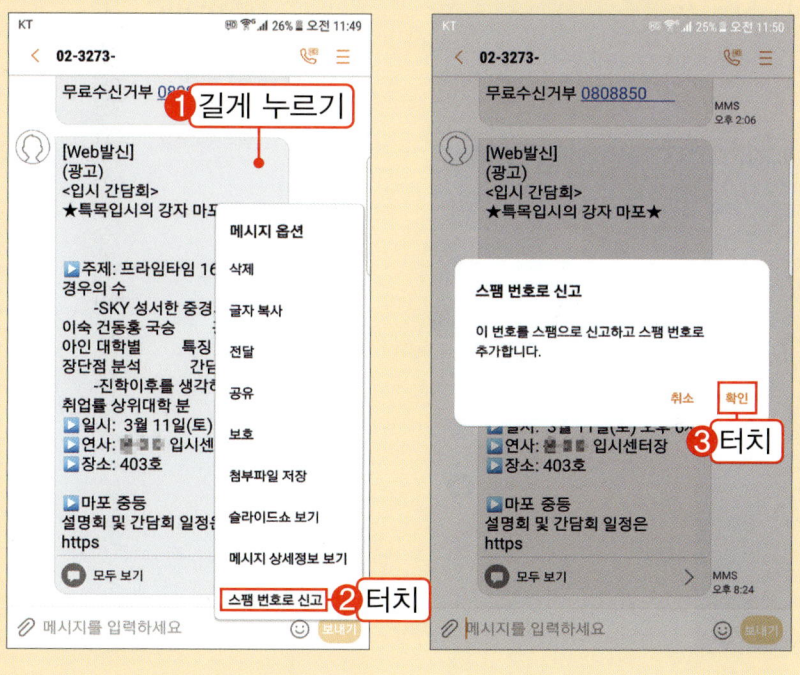

07 메시지 고급 기능 사용하기 • 97

1 각자 문자를 보내고 싶은 사람에게 다음 날짜와 시간에 예약 문자를 전송해 봅니다.

- 날짜 : 2017년 8월 18일(금)
- 시간 : 오전 10:00

2 왼쪽처럼 받은 메시지를 오른쪽처럼 보호 메시지로 등록해 봅니다.

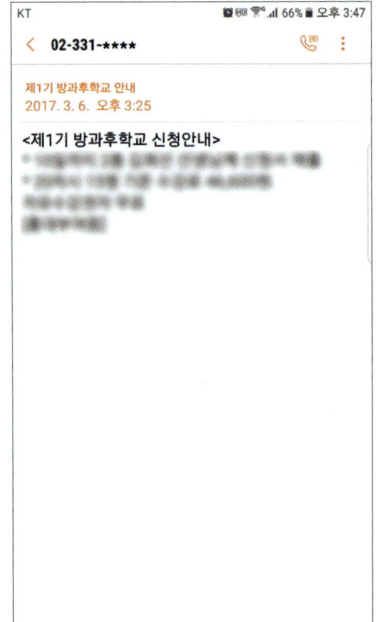

08 스마트폰 파일 관리하기

스마트폰의 내장 메모리에 새 폴더를 추가하고, 새 폴더 안으로 파일을 이동, 복사할 수 있습니다. 필요에 따라 파일을 삭제하거나 압축하여 용량을 확보할 수도 있습니다. 내장 메모리가 꽉차서 불필요한 파일을 삭제해도 용량이 줄지 않을 때는 내장 메모리 안의 파일들을 USB로 옮길 수도 있습니다. 스마트폰의 파일을 관리하는 여러 가지 방법에 대해서 알아보겠습니다.

 무엇을 배울까요?

- ⋯ 새 폴더 추가하기
- ⋯ 파일 복사/삭제하기
- ⋯ 파일 이동하기
- ⋯ 새 폴더 바로가기 만들기
- ⋯ 파일/폴더 압축하고 해제하기
- ⋯ USB로 파일 이동하기

01 내 파일에서 새 폴더 추가하기

01 홈 화면에서 [앱스]를 터치한 후 [삼성]을 터치하여 [내 파일(📁)] 앱을 터치합니다.

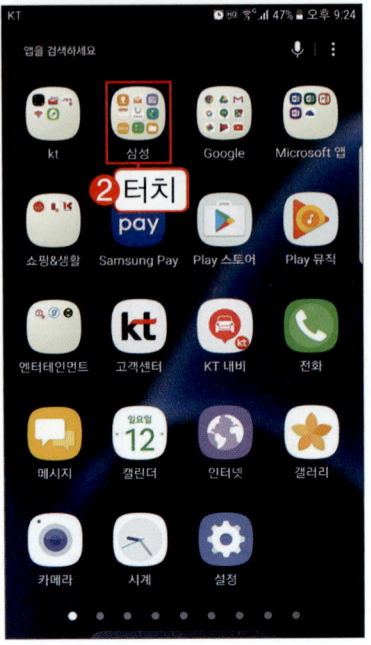

배움터

스마트폰의 기종에 따라 [앱스]를 터치하면 [내 파일] 앱이 있는 경우가 있고, [삼성] 폴더 안에 [내 파일] 앱이 있는 경우도 있습니다. LG 모델의 경우 [파일 관리자] 앱을 터치합니다.

02 내 파일이 열리면 상단에 최근 파일이 보이고, 카테고리별로 선택하여 파일을 볼 수도 있습니다. 내 스마트폰의 전체 폴더와 파일을 보기 위해 [내장 메모리]를 터치합니다. 전체 폴더가 목록형으로 펼쳐져 있습니다.

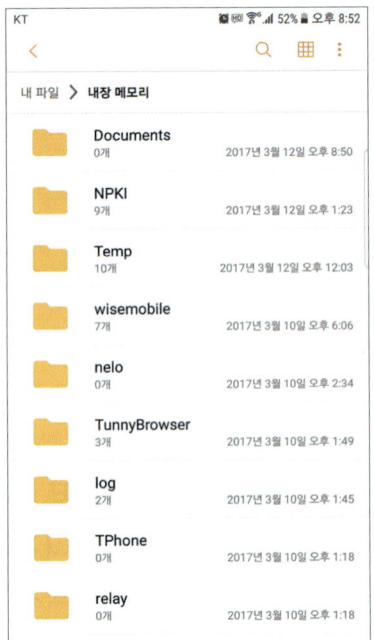

03 보기 방식은 ▦을 **터치**하여 격자로 바꿀 수 있습니다. 상단 우측의 ⋮를 **터치**하여 [**새 폴더 추가**]를 **선택**합니다.

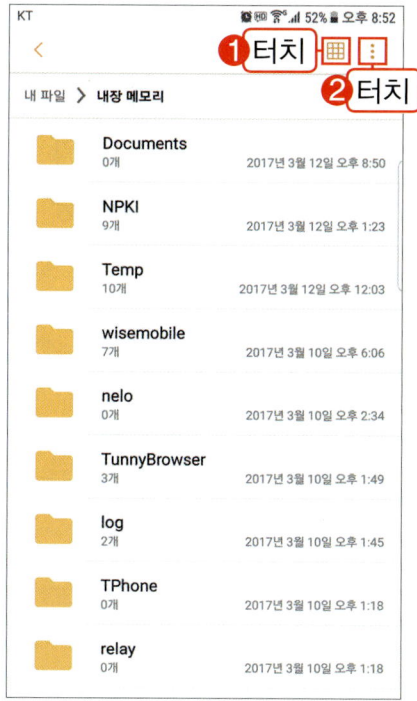 

04 [새 폴더 추가]에 **이름을 입력**하고 [**추가**]를 **터치**합니다. 내장 메모리에 '숙제'라는 새 폴더가 추가되었습니다.

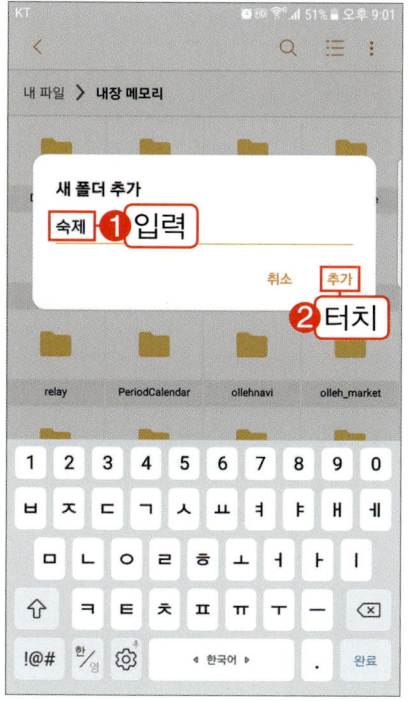 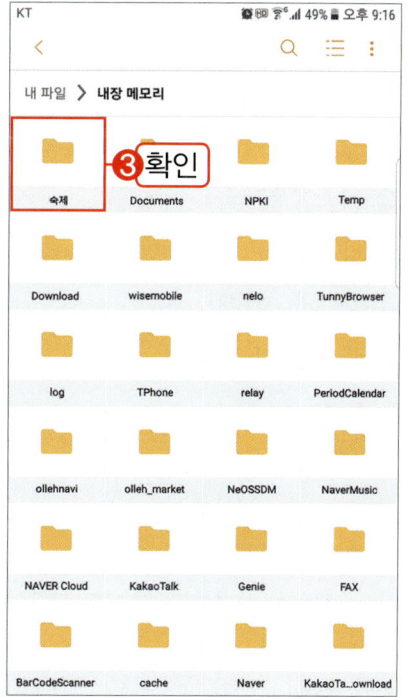

 내 파일에서 이동, 복사, 삭제하기

파일 찾고 복사하기

01 파일을 찾기 위해 🔍를 **터치**한 후 **파일명을 입력**합니다. 파일명을 정확히 몰라도 검색어를 입력하면 관련된 파일을 모두 검색해 줍니다. 검색 결과 중 복사할 파일을 **길게 눌러 항목을 선택**합니다. 상단 우측의 ⋮를 **터치**합니다.

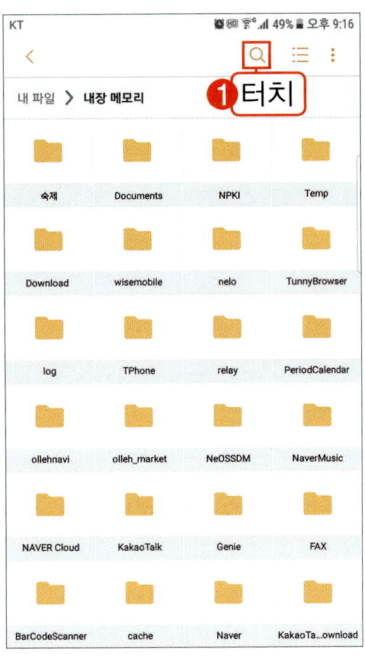

02 **[복사]를 선택**합니다. 하단에 복사 위치를 설정할 수 있는 창이 표시되면 내 스마트폰 안의 폴더에 파일을 복사하기 위해 **[내장 메모리]를 선택**합니다.

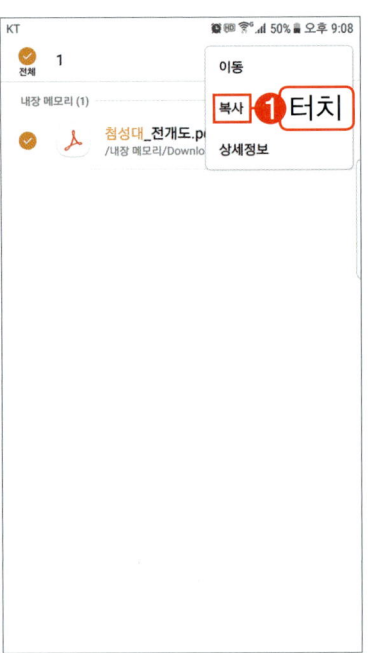
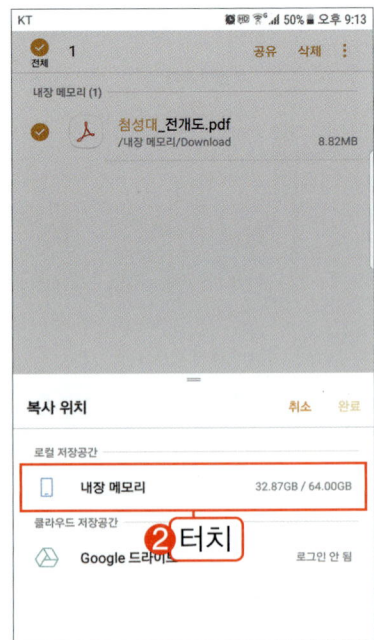

03 폴더 중 새로 만든 [숙제] 폴더를 선택하고 [완료]를 터치하면 [숙제] 폴더에 파일이 복사됩니다. 숙제 폴더 안에 선택했던 파일이 복사되어 나타납니다.

  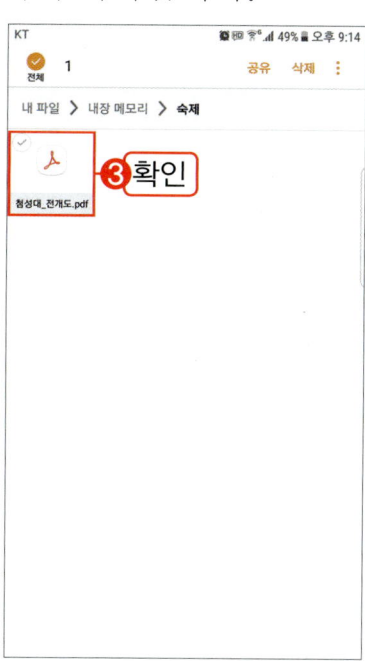

파일 삭제

01 복사한 파일을 삭제하려면 **파일이 선택된 상태**에서 상단 우측의 [삭제]를 터치한 후 파일 삭제 창의 [삭제]를 터치합니다. [숙제] 폴더 안의 복사된 파일은 삭제되었습니다.

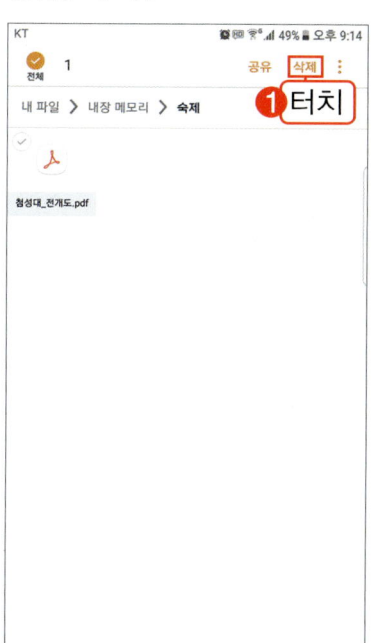  

파일 이동

01 상단 우측의 🔍를 터치하여 **파일명을 다시 입력**하여 찾은 후 해당 파일을 **길게 눌러 선택**합니다. ⋮를 터치하고 **[이동]을 선택**합니다.

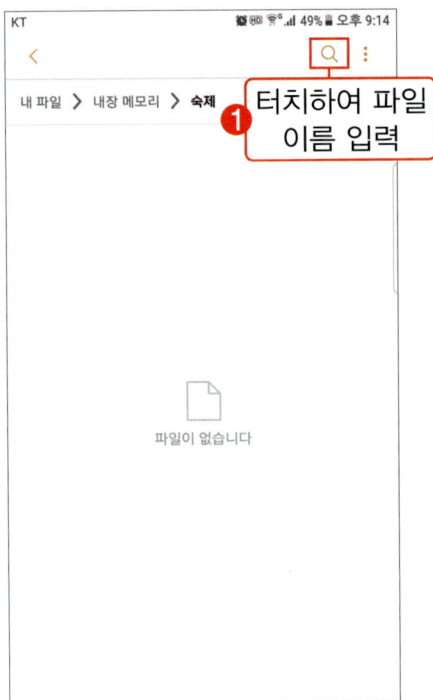

02 하단에 이동 위치를 설정할 수 있는 창이 표시되면 **[내장 메모리]를 선택**하고, **[숙제] 폴더를 터치**합니다.

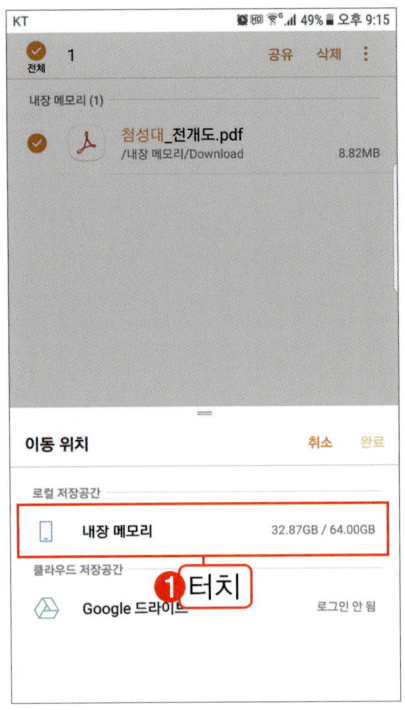

03 선택한 [숙제] 폴더가 열리면 **[완료]**를 **터치**합니다. [숙제] 폴더 안에 파일이 이동된 것을 확인할 수 있습니다.

홈 화면에 바로가기 추가하기

01 [숙제] 폴더를 길게 누르면 해당 폴더가 선택됩니다. ⋮를 **터치**하여 **[바로가기 추가]**를 **선택**하고 [바로가기 추가] 창의 **[홈 화면]**을 **터치**합니다.

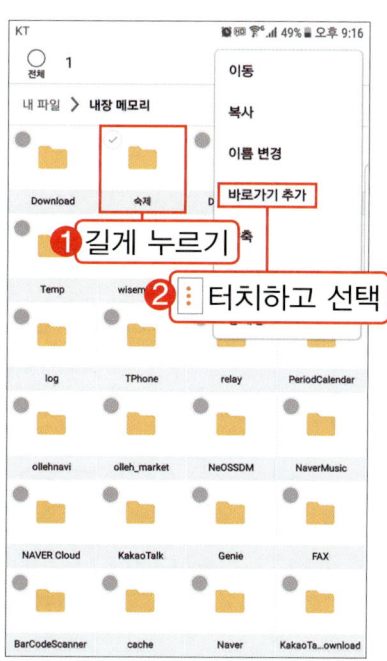
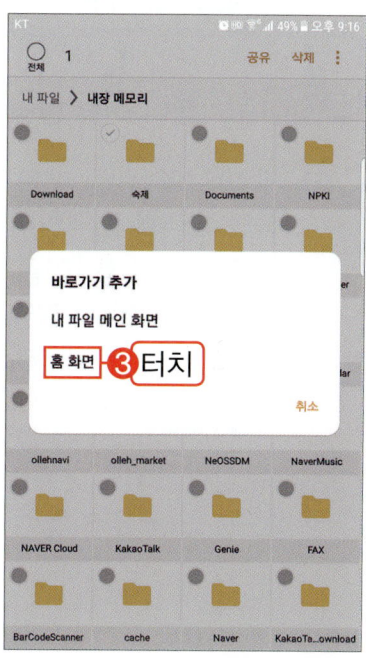

배움터

폴더도 이동, 복사, 이름 변경을 할 수 있습니다.

02 홈 화면에 [숙제] 폴더 바로가기가 추가되었습니다. [숙제(📁)] 폴더 바로가기를 **터치**하면 폴더 안의 파일을 바로 볼 수 있습니다.

배움터 폴더 이름 변경

01 내 파일의 [내장 메모리] 선택 화면에서 상단 우측의 ⋮를 터치합니다. [편집]을 터치하여 원하는 폴더를 선택합니다.
02 ⋮를 터치한 후 [이름 변경]을 선택합니다.
03 [폴더 이름 변경] 창에 변경 이름을 입력하고 [이름 변경]을 터치합니다.

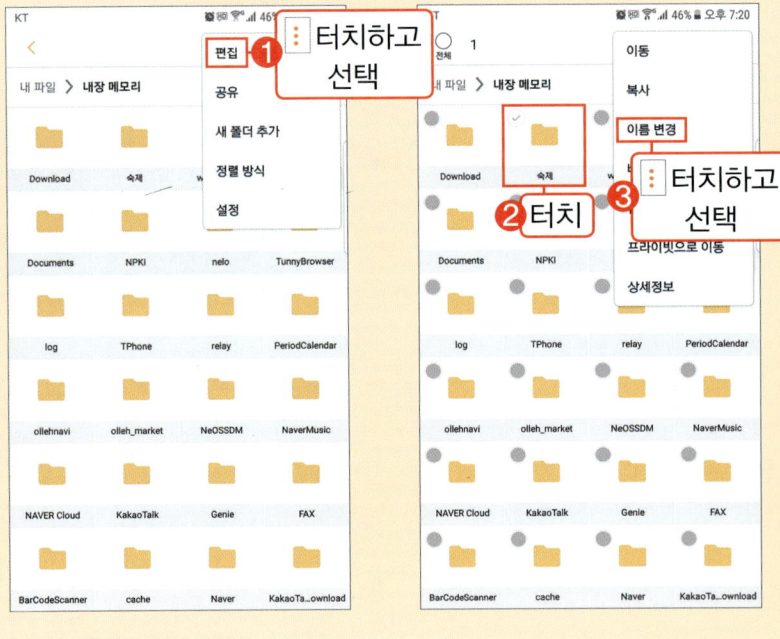
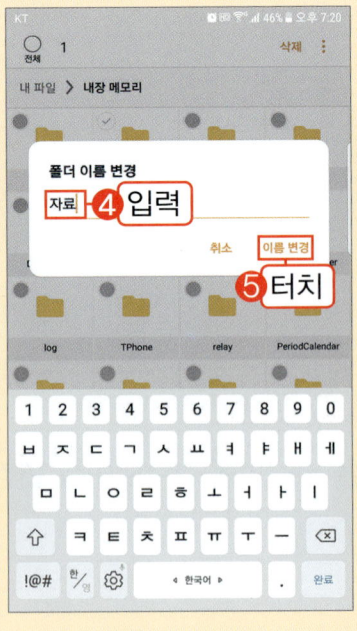

내 파일에서 파일이나 폴더 압축하기

파일 압축하기

01 압축할 파일을 선택하기 위해 ⋮를 **터치**한 후 **[편집]을 선택**합니다. **파일을 선택**하고 ⋮를 **터치**하여 **[압축]을 선택**합니다.

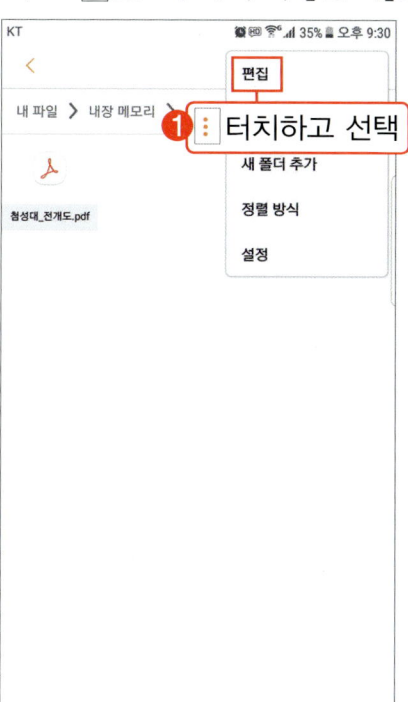

02 압축 파일 만들기 창에 **파일 이름을 변경**하고 **[압축]을 터치**합니다. 같은 폴더 안에 파일이 압축되어 나타납니다.

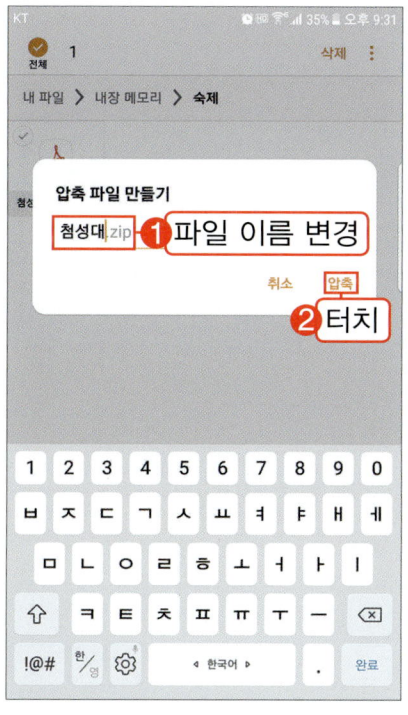
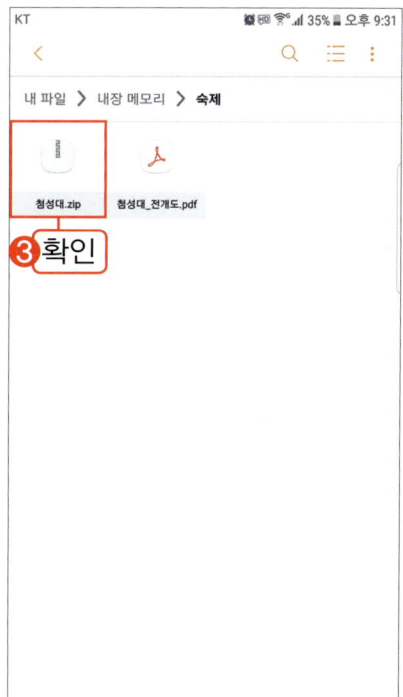

파일 압축 풀기

01 **압축 파일을 길게 눌러서 선택**한 후 ┋**를 터치**하여 **[압축 풀기]를 터치**합니다. **[파일 압축 풀기] 창에서 [압축 풀기]를 터치**합니다.

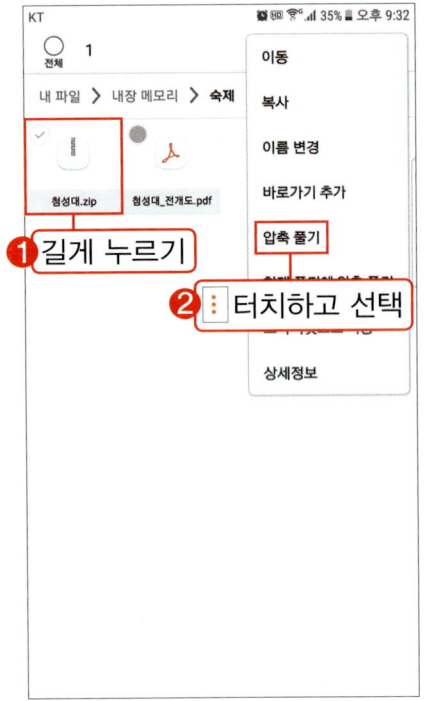
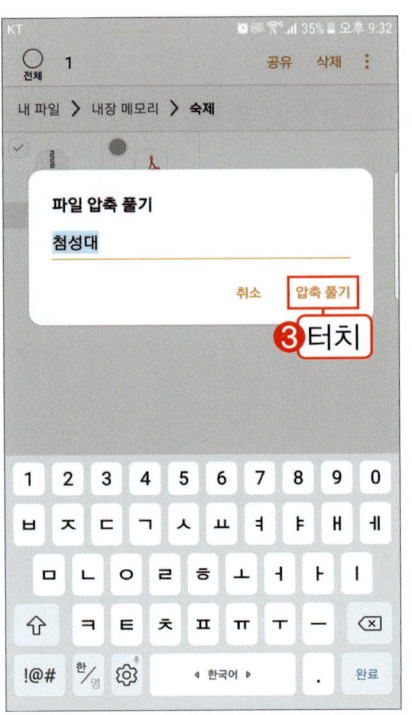

02 폴더 안에 압축 파일이 해제되면서 새로운 폴더 안에 파일이 해제됩니다.

폴더 압축하고 해제하기

01 내 파일의 [내장 메모리]에서 상단 우측의 ⋮를 **터치**합니다. [**편집**]을 **터치**한 후 원하는 **폴더를 선택**합니다. 상단 우측의 ⋮를 다시 **터치**한 후 [**압축**]을 선택합니다.

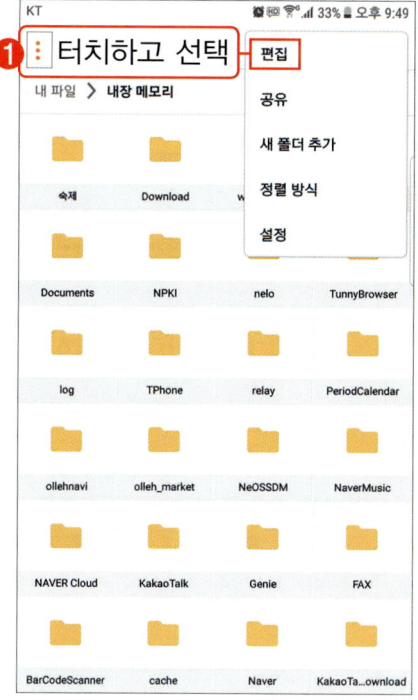 

02 [압축 파일 만들기] 창에서 압축 파일명을 확인한 후 [**압축**]을 **터치**하면 내장 메모리 안에 압축 파일이 생성됩니다. 압축을 해제하는 방법은 파일 압축 풀기와 동일합니다.

 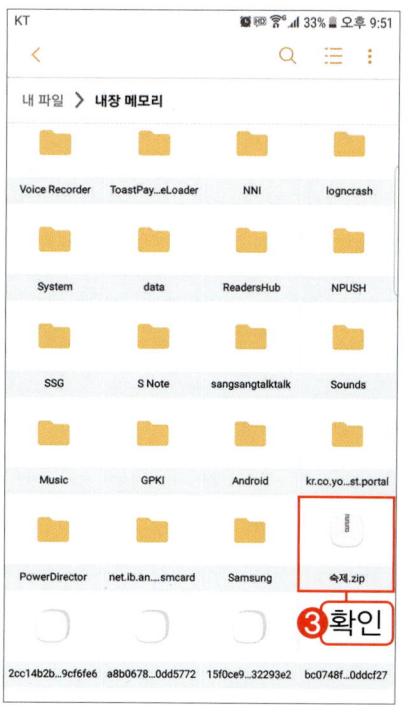

배움터 정렬 방식 변경하기

내 파일 안의 폴더와 파일의 정렬 방식은 상단 우측의 :를 터치한 후 나타나는 메뉴 중 [정렬 방식]을 선택하여 변경할 수 있습니다.

폴더와 파일은 최근 파일부터 내림차 순으로 정렬되어 있는데, [정렬 방식] 창의 '순서'에서 '오름차 순'을 선택하면 오래된 파일부터 정렬됩니다.

[정렬 방식] 창에서 '종류'를 선택하면 파일들이 종류별로 정렬됩니다.

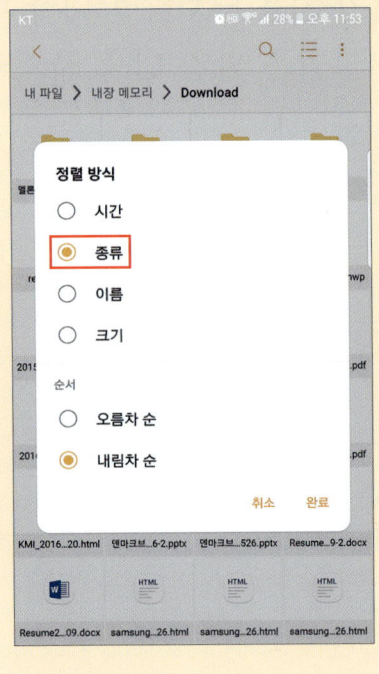 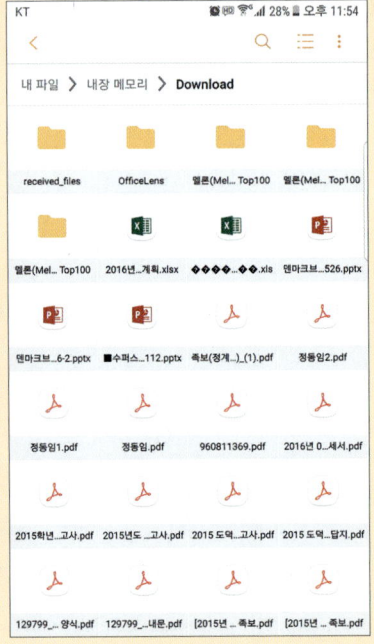

USB로 파일 저장하기

01 USB OTG 장치를 스마트폰에 연결하면 [내 파일(📁)] 앱을 터치했을 때 '로컬 저장공간' 중 내장 메모리 외에도 USB가 연결되어 있는 것을 확인할 수 있습니다. 카테고리 중 [이미지]를 선택하고 상단 우측의 ⋮를 터치한 후 [편집]을 선택합니다.

배움터 USB OTG(universal serial bus on-the-go)

컴퓨터의 개입 없이 스마트폰과 USB 메모리를 연결하여 서로 파일을 주고받을 수 있는 장치입니다.

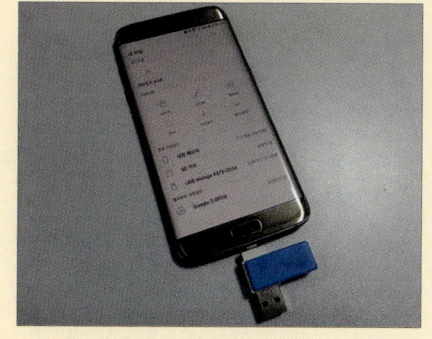

02 USB로 **이동할 파일을 선택**한 후 상단 우측의 :를 **터치**하여 [**이동**]을 **선택**합니다. 하단에 이동 위치를 설정할 수 있는 창이 표시되면 [**USB storage**]를 **터치**합니다.

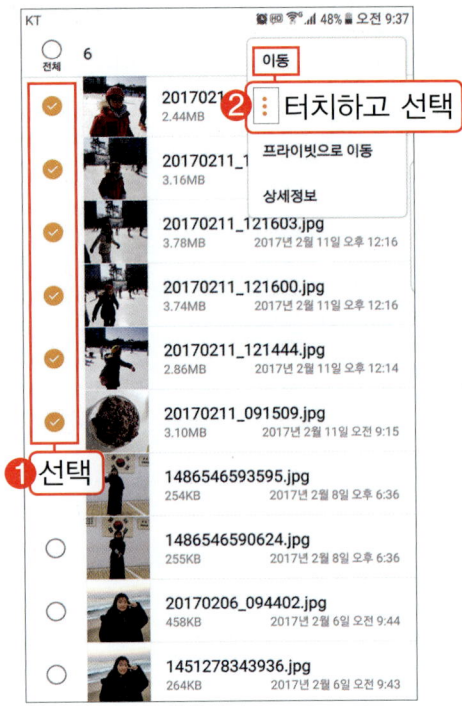
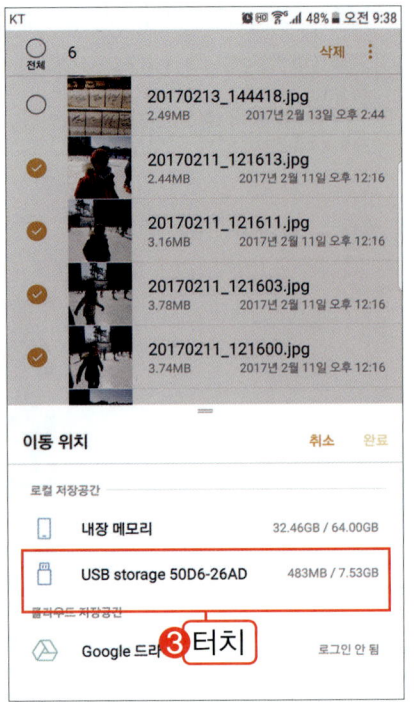

03 USB 안에 새 폴더를 추가하기 위해 [**새 폴더 추가**]를 **터치**합니다. [새 폴더 추가] 창에 폴더 **이름을 입력**한 후 [**추가**]를 **터치**합니다.

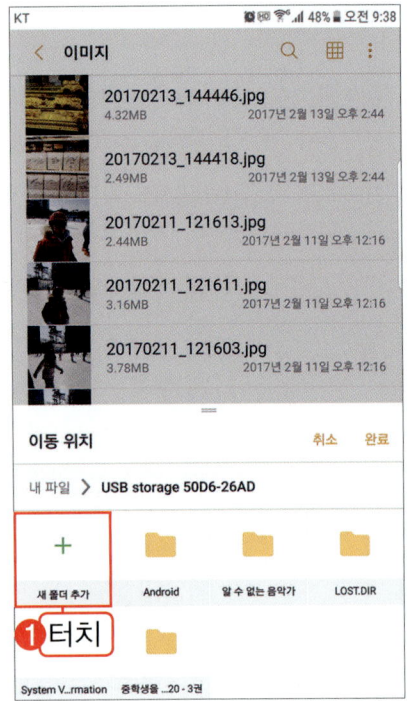
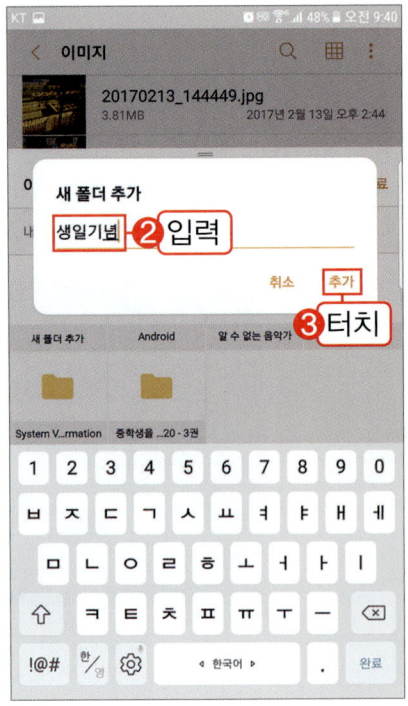

04 새로운 폴더로 이동 위치가 설정되었으면 **[완료]를 터치**합니다. 내 스마트폰의 이미지 파일들이 USB로 이동되었습니다.

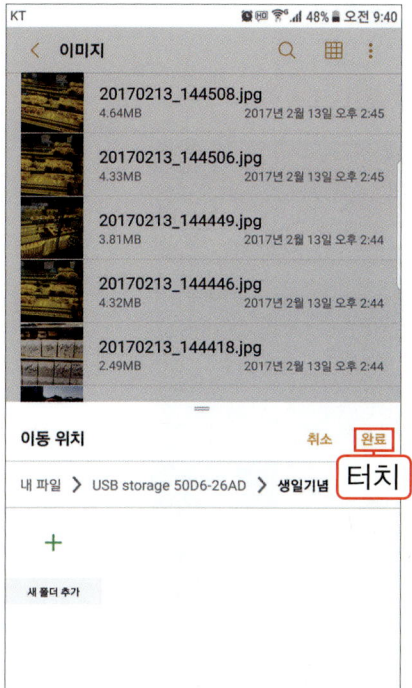 

배움터

스마트폰에서 찍은 사진은 보통 [DCIM]이라는 폴더 안의 [Camera] 폴더에 있는데, 내장 메모리의 많은 부분을 찍은 사진이 차지하는 경우가 많습니다. [Camera] 폴더를 길게 눌러서 선택한 후 ⋮를 터치하고 [이동]을 선택합니다. 하단에 이동 위치를 설정할 수 있는 창이 표시되면 [USB storage]를 터치합니다. 그러면 [Camera] 폴더가 USB로 통째로 옮겨져서 내장 메모리가 확실히 줄게 됩니다. 내 스마트폰의 용량이 부족할 때 이용하면 편리합니다.

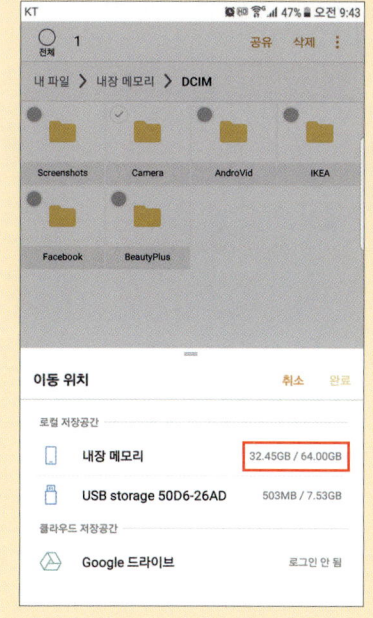 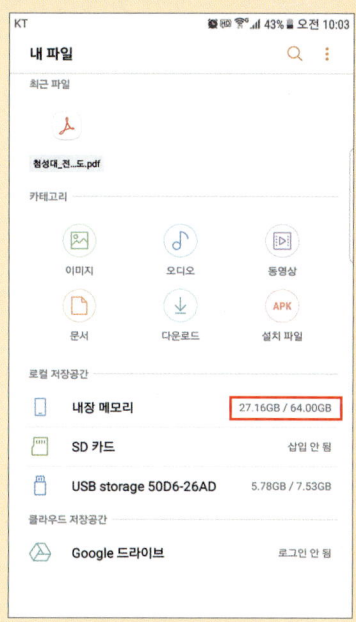

▲ 이미지 파일 이동 후

1 'Work' 폴더를 만든 후 홈 화면에 바로가기를 추가해 봅니다.

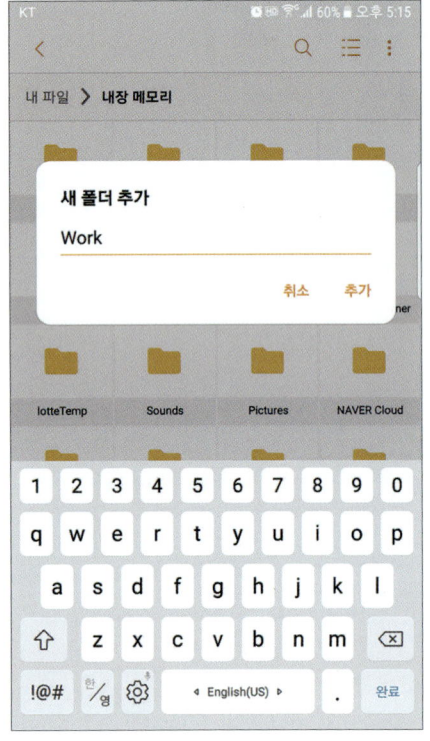

2 'Work' 폴더를 압축하여 USB에 압축 파일을 이동해 봅니다.

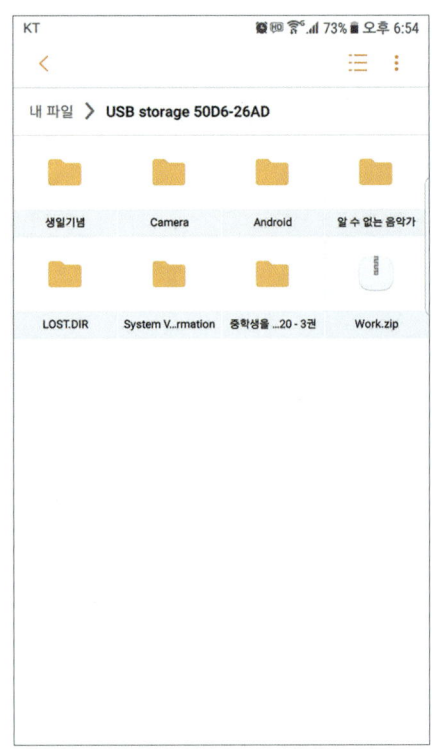

09 스마트폰으로 즐기는 엔터테인먼트

스마트폰 안에 저장된 MP3 파일을 기본 벨소리로 설정하고, 개인별로 벨소리를 다르게하여 벨소리만 들어도 누가 전화했는지 알 수 있게 설정하는 방법에 대해 알아보겠습니다. 또한 악기를 연주할 수 있는 앱을 설치하여 연주하고, 직접 녹음한 곡을 벨소리로 만들어보겠습니다.

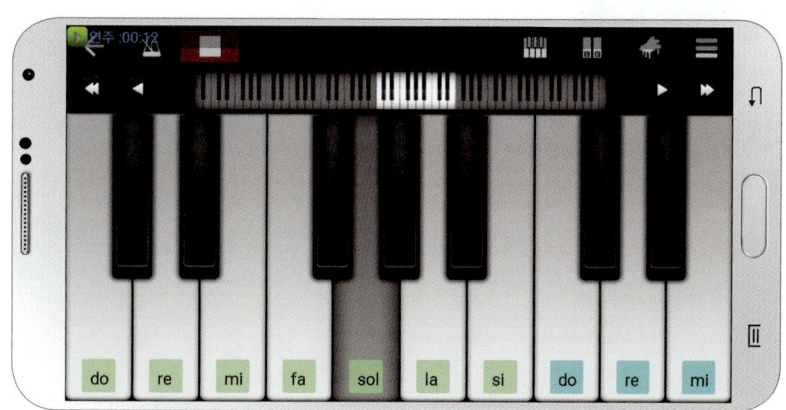

 무엇을 배울까요?

- 디바이스에 저장된 MP3로 벨소리 설정하기
- 개인별 벨소리 설정하기
- 그룹별 벨소리 설정하기
- 'Walk Band' 앱 설치하기
- 키보드 연주하기
- 악기 연주하고 녹음하기
- MIDI 파일 MP3로 전환하기

 **MP3로 나의 벨 소리 설정하기**

01 홈 화면에서 [설정(⚙)] 앱을 터치한 후 [소리 및 진동]을 선택합니다.

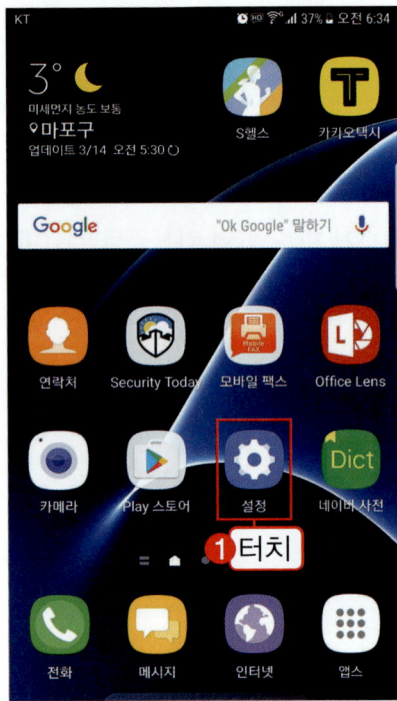 

02 [벨소리]를 터치하면 기본 벨소리 목록이 나타납니다. 제조사에서 제공하는 벨소리 중에서 선택할 수도 있지만 MP3 벨소리로 설정하려면 [디바이스 저장공간에서 추가]를 터치합니다.

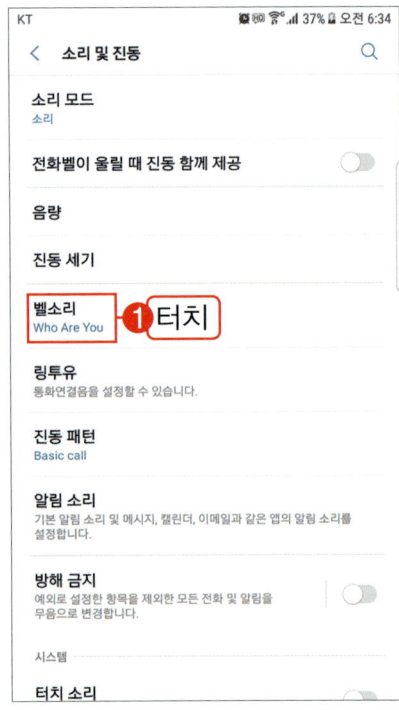 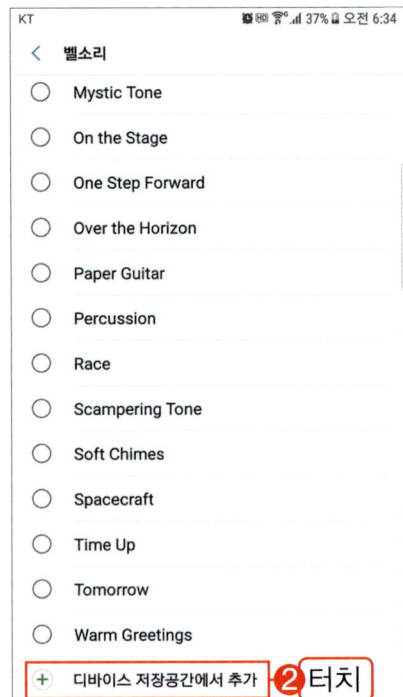

03 내 스마트폰에 있는 MP3가 모두 나타납니다. 벨소리로 설정하고 싶은 **MP3를 선택**합니다. 곡의 하이라이트 부분을 벨소리로 설정하려면 하단의 [**하이라이트 재생**]을 **터치**하여 활성화한 후 [**완료**]를 터치합니다.

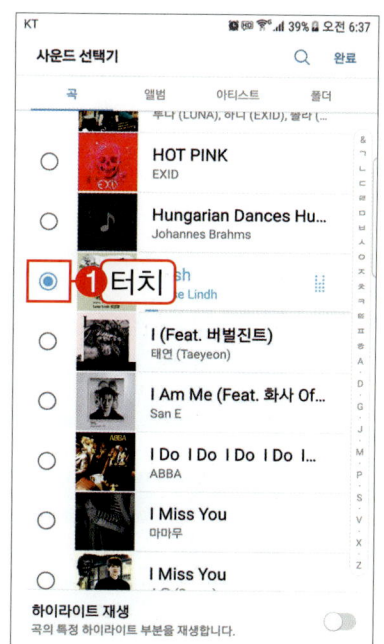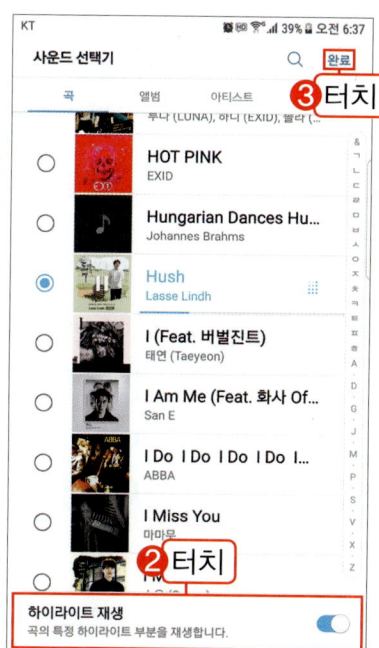

> **배움터**
>
> MP3 노래를 벨소리로 설정하려면 먼저 사용자의 스마트폰에 MP3 노래가 저장되어 있어야 합니다.

04 벨소리에 설정된 MP3를 확인합니다. 이제 전화가 오면 설정한 MP3로 전화벨소리가 들립니다.

개인별/그룹별 벨소리 다르게 설정하기

개인 벨소리 설정하기

01 홈 화면에서 **[연락처(	)]** **앱을 터치**한 후 검색창에서 **특정인을 검색**합니다. 검색해서 나온 **사람을 터치**한 후 **[상세정보]를 선택**합니다.

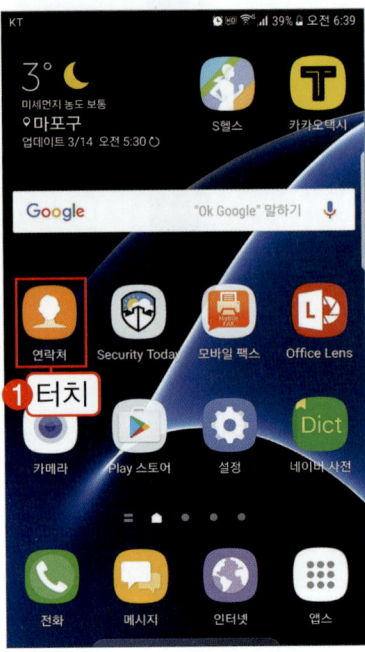

02 특정 연락처에 대한 상세정보를 볼 수 있습니다. 연락처를 수정하기 위해 **[편집]을 터치**한 후 **[더보기]-[벨소리]를 차례로 터치**합니다.

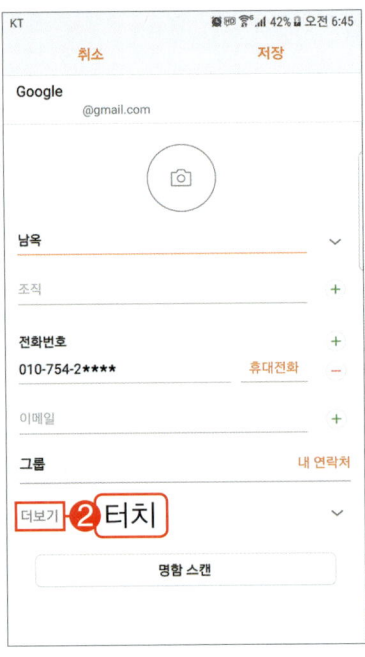
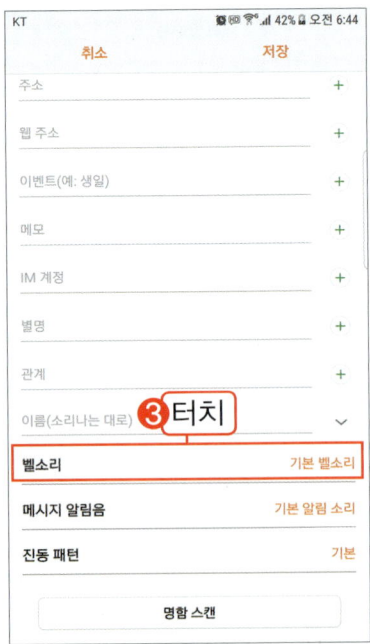

03 기본 벨소리가 아닌 다른 벨소리를 선택해서 특정 개인이 전화할 때는 다른 벨소리가 울리도록 **설정한 후 [저장]을 터치**합니다. 벨소리만 들어도 누가 전화했는지 알 수 있습니다.

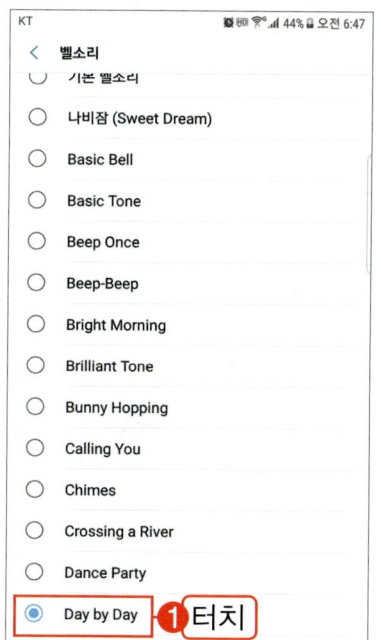 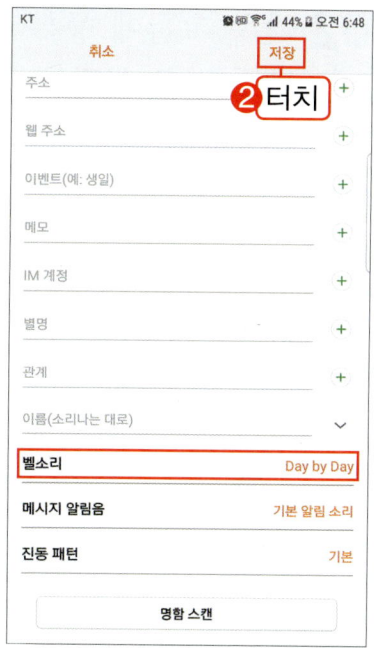

그룹 벨소리 설정하기

01 연락처 홈 화면에서 상단 우측의 ⋮를 **터치**하여 **[그룹]을 선택**한 후 그룹 중 **[가족]을 터치**합니다.

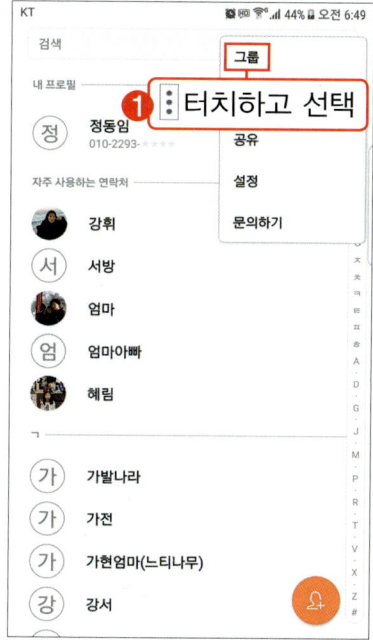 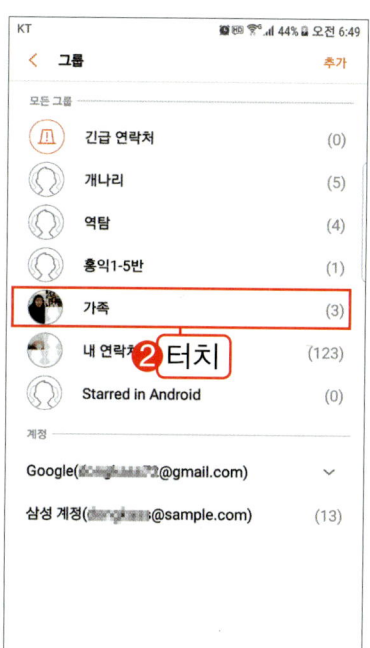

배움터

벨소리만 들어도 가족이 전화했는지 알 수 있게 하려면 먼저 연락처에 가족 그룹을 만들어야 합니다.
그룹을 만들고, 그룹원을 구성하는 방법은 [7장 메시지 고급 기능 사용하기]에서 살펴볼 수 있습니다.

02 가족 그룹에 등록된 그룹원이 보입니다. 상단 우측의 **[편집]을 터치**한 후 **[그룹 벨소리]를 선택**합니다.

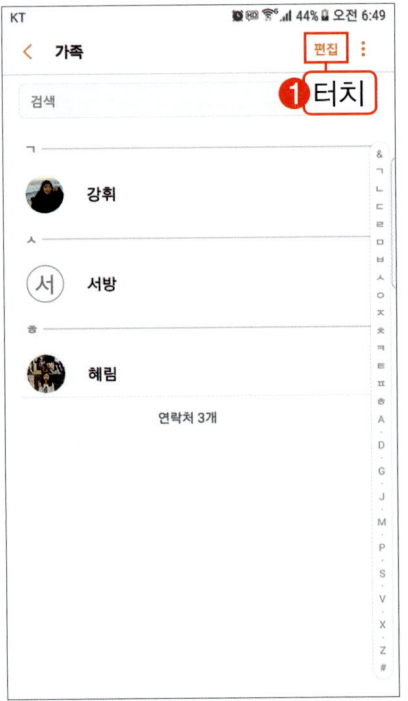
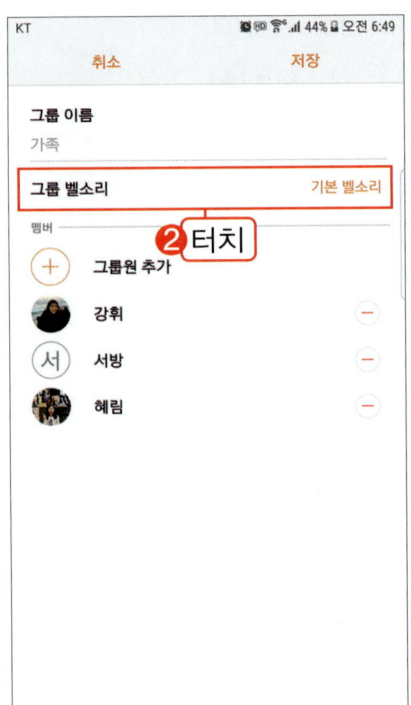

03 벨소리에서 그룹 벨소리가 될 **벨소리를 선택**합니다. [그룹 벨소리]에 설정된 벨소리를 확인한 후 **[저장]을 터치**합니다.

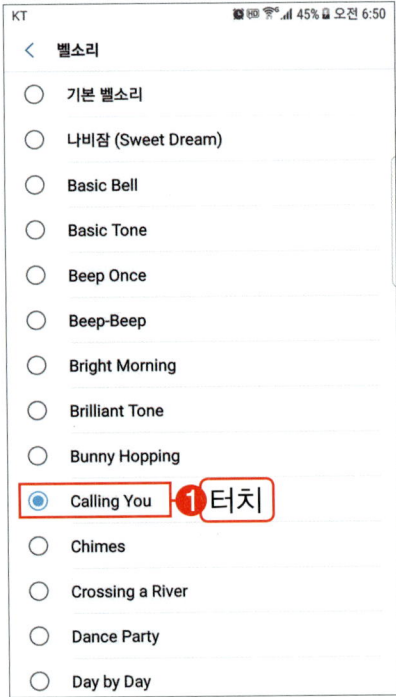
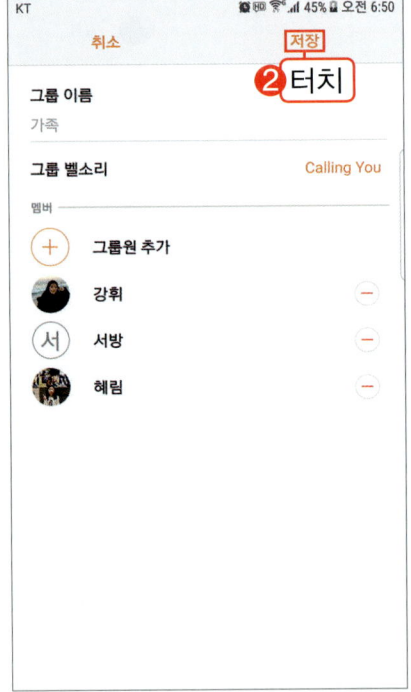

03 악기 앱 설치하고 다양한 악기 연주하기

'WALK BAND' 앱 설치하기

01 홈 화면에서 [Play 스토어(▶)] 앱을 터치합니다. Play 스토어 페이지가 열리면 'Google Play' 검색창을 터치하여 'walk band'라고 입력한 후 검색된 'walk band 음악 스튜디오'를 터치합니다.

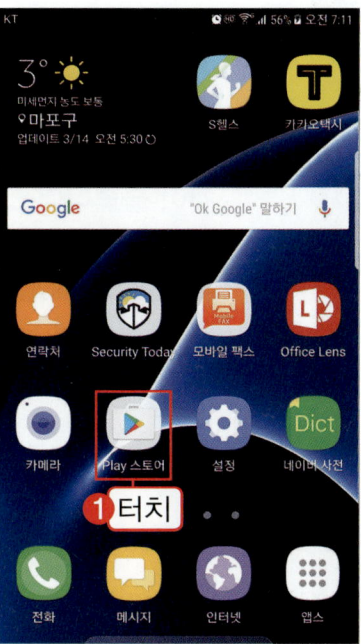
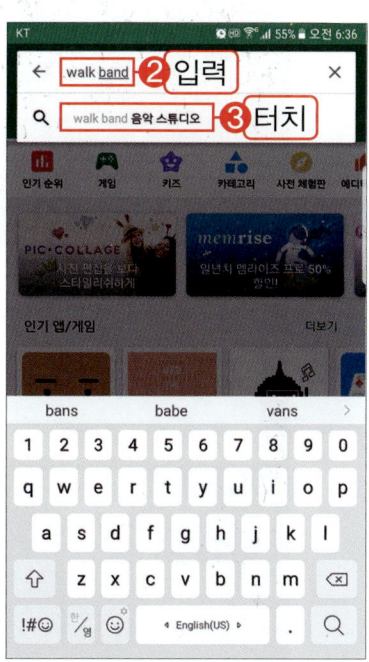

02 검색된 목록 중 [Walk Band - 음악 스튜디오]를 선택한 후 [설치] 단추를 터치합니다. 설치를 위해 동의나 허용할 사항을 확인한 후 [동의]나 [허용] 단추를 터치하면 설치가 진행됩니다. 설치가 완료되면 [열기] 단추를 터치합니다.

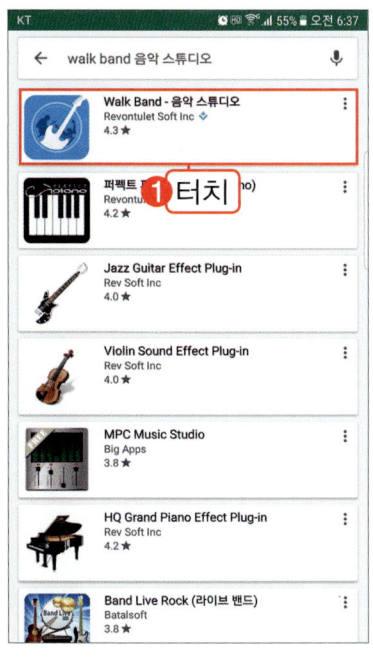

키보드 연주하기

01 WALK BAND 앱이 실행되면 [주의] 창에서 주의사항을 확인한 후 **[확인]을 터치**합니다.

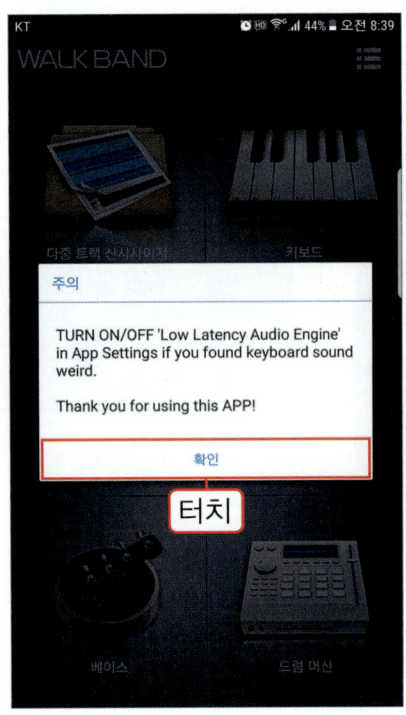

주의사항처럼 키보드 설정 화면에서 'Low Latency Audio Engine'는 초기 설정대로 체크를 해제해 두는 것이 좋습니다.

02 악기를 연주하기 편하게 스마트폰을 가로 방향으로 바꾼 다음 **손가락을 좌우로 드래그**하면 키보드, 기타, 드럼, 베이스 등의 악기를 선택할 수 있습니다. **[키보드]를 선택**합니다.

Walk Band 앱에서는 키보드 외에도 기타, 베이스, 드럼 등의 악기를 터치하여 연주한 후에 MIDI 파일, MP3 파일로 저장할 수 있고, 다중 트랙 신시사이저에서 각각의 악기를 연주하여 하나의 곡으로 완성할 수도 있습니다. 연주하고 녹음하고 작곡까지 가능한 앱입니다.

03 키보드 모드 전환 방법을 확인한 후 [확인] 단추를 터치합니다.

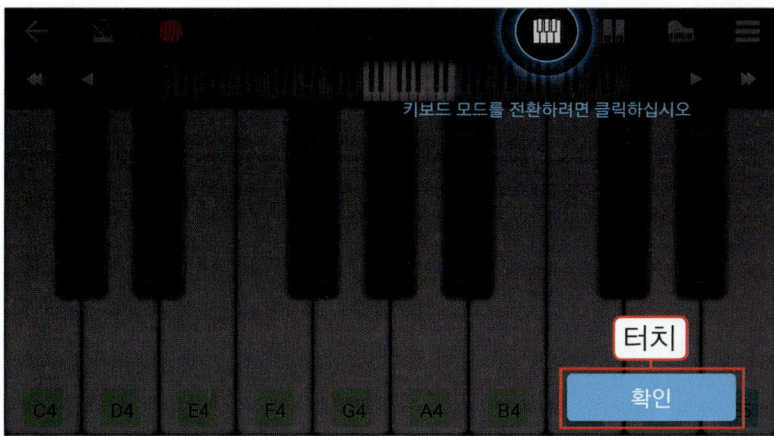

04 키보드 옵션 변경 없이 키보드를 눌러 연주해 봅니다.

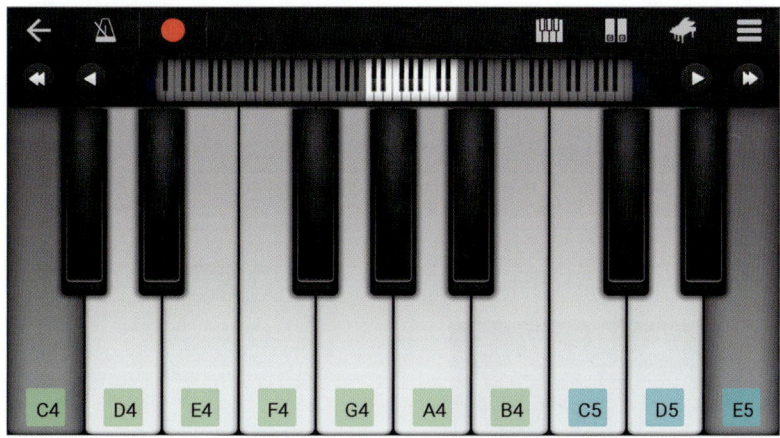

05 키 라벨을 변경하기 위해 ▦를 터치하여 'Display 'Do', 'Re' on Keys'를 선택하여 키보드를 '도레미…' 라벨로 변경합니다.

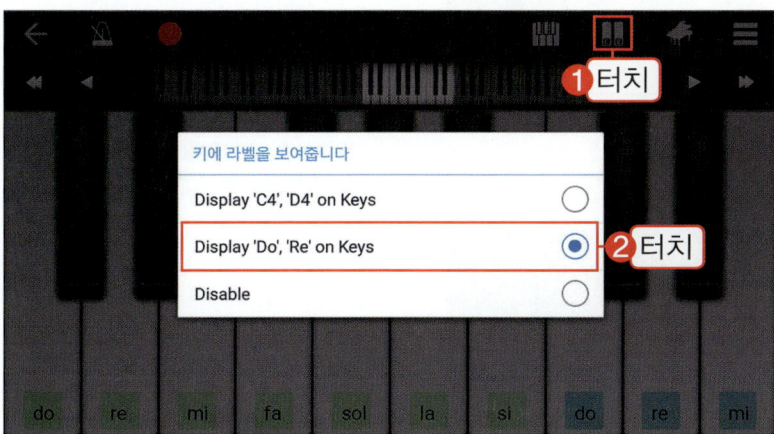

키보드 녹음하기

01 키보드 연주를 녹음하기 위해 ⬤를 **터치**한 후 'MIDI'를 **선택**합니다.

배움터

녹음할 때 'MIDI'를 터치하면 소음없이 연주하는 악기 소리만 녹음됩니다. 연주에 맞춰 노래까지 부를 경우 'MIC'를 선택해야 마이크를 통해 녹음할 수 있습니다.

02 녹음이 시작되므로 키보드를 눌러서 연주하고 연주가 끝나면 ▇를 **터치**합니다.

03 파일명을 '피아노녹음'이라고 **입력**한 후 [확인] 단추를 **터치**합니다.

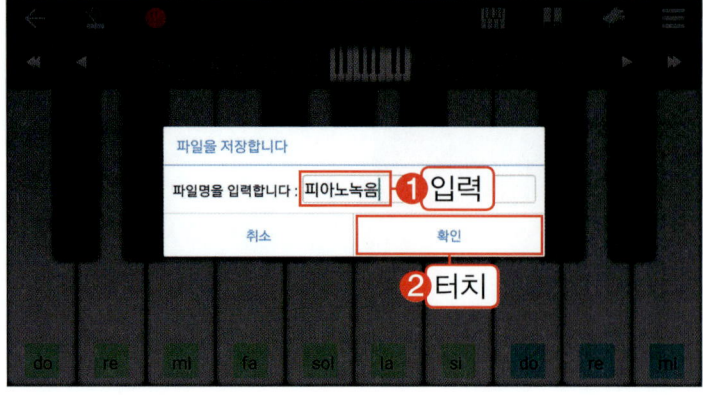

04 상단 우측의 ≡를 터치한 후 [녹음 목록]을 터치합니다.

05 피아노를 연주한 MIDI 파일이 저장되어 있는 것을 확인할 수 있습니다. '**피아노 녹음.mid**'를 터치합니다.

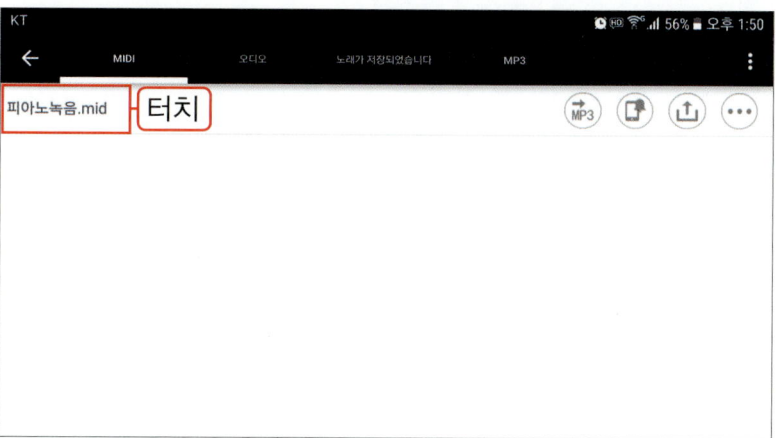

06 키보드가 자동으로 연주되면서 재생됩니다. 연주가 끝나면 재생을 멈추게 됩니다.

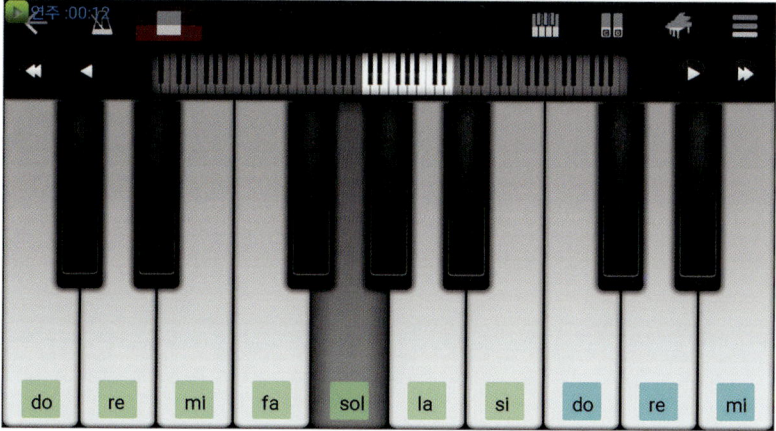

파일 형식 변경하기

01 상단 우측의 ≡를 **터치**하여 [**녹음 목록**]을 **선택**한 후 를 **터치**하면 MIDI 파일이 MP3로 생성됩니다.

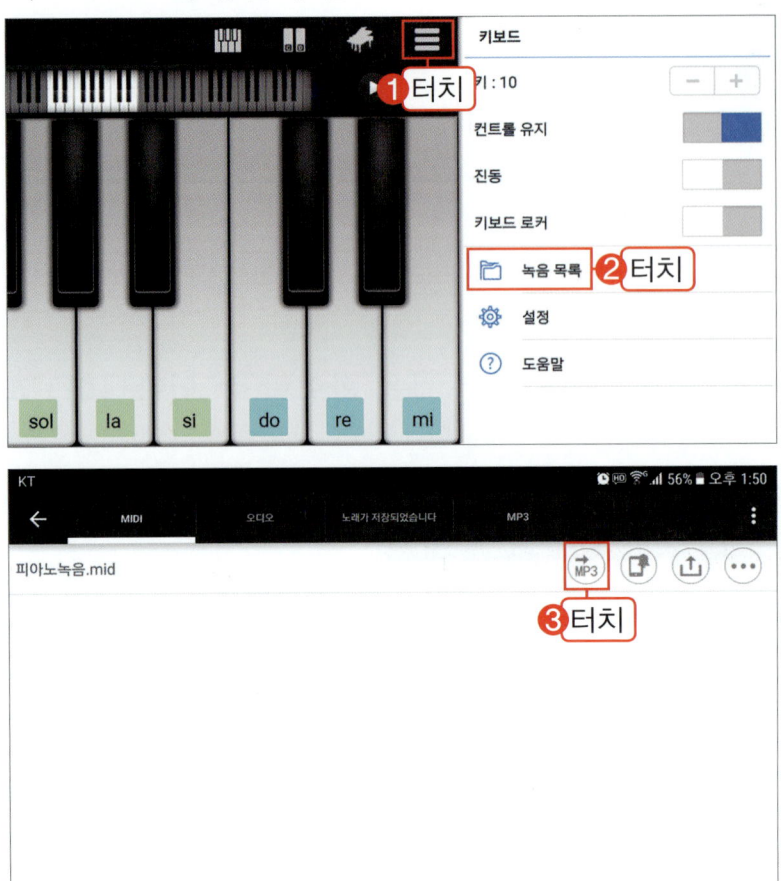

02 [**MP3**] **탭을 터치**하면 '피아노녹음.mp3' 파일이 새로 생성된 것을 확인할 수 있습니다.

배움터 연주한 곡 공유

연주한 곡의 녹음 목록에서 < 를 터치하면 공유 창에서 공유 앱을 선택하여 다른 사람과 연주곡을 공유할 수 있습니다.

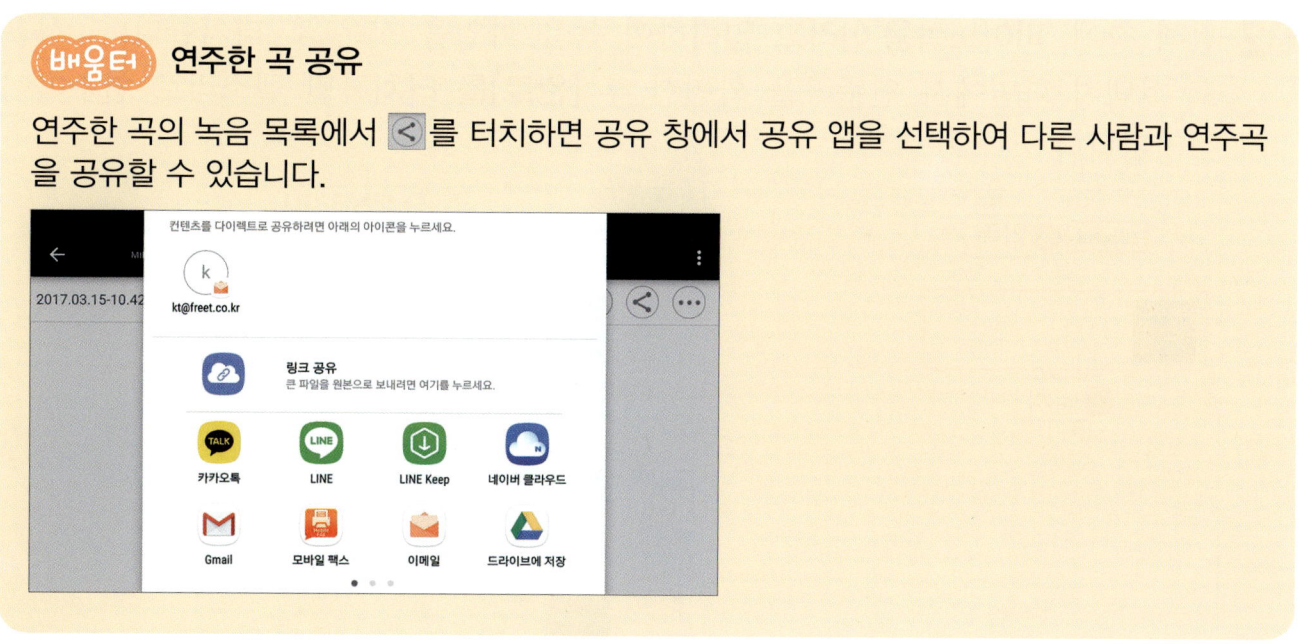

연주 곡 벨소리로 설정하기

01 홈 화면에서 [설정(⚙)] 앱을 터치한 후 [소리 및 진동]-[벨소리]를 선택합니다. 녹음한 연주곡을 불러오기 위해 [디바이스 저장공간에서 추가]를 터치합니다.

 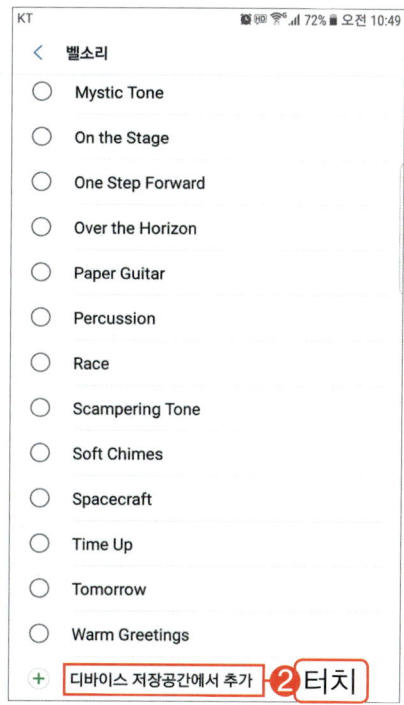

02 검색 창에 '**피아노녹음**'이라고 **입력**하여 녹음 파일을 찾은 후 터치합니다. 사운드 선택기 화면에서 연주곡을 확인한 후 [**완료**]를 **터치**하면 벨소리로 연주곡이 설정됩니다.

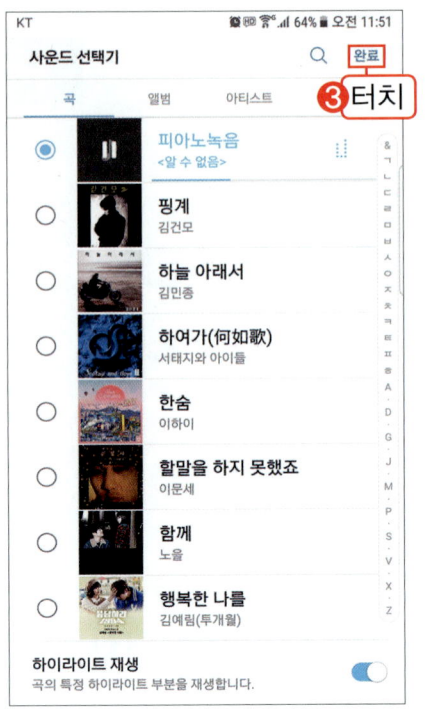

> **배움터** 사운드 선택기 화면에서 녹음 파일이 검색되지 않을 때

01 [내 파일(📁)] 앱을 실행한 후 [내장 메모리〉PerfectPiano〉Keyboards] 안의 [피아노녹음.mp3] 파일을 길게 눌러서 선택합니다.

02 ⋮를 터치한 후 [이동]을 선택합니다. 하단에 이동 위치를 설정할 수 있는 창이 표시되면 [내장 메모리]에서 [Music] 폴더를 선택하여 이동합니다. 그러면 사운드 선택기에서 녹음 파일을 찾을 수 있습니다.

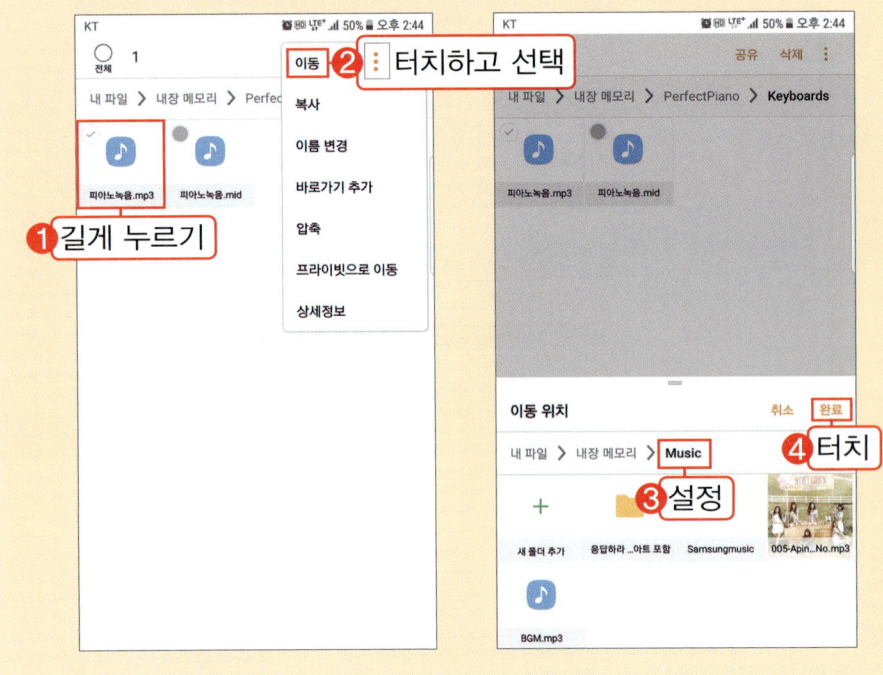

1 '학교 종이 땡땡땡' 곡을 Walk Band 앱의 키보드로 연주하고 '학교종.mp3'로 저장해 봅니다.

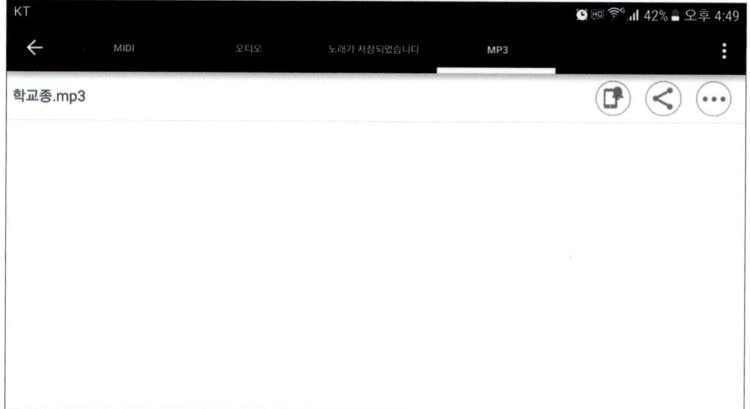

2 직접 녹음한 '학교종.mp3'를 나의 핸드폰 벨소리로 설정해 봅니다.

10 스마트폰 개인 정보 관리하기

여러 장 받아놓은 명함을 바로바로 정리하지 않으면 잃어버리는 경우가 많습니다. 명함 스캔 기능을 사용하면 사진만 찍으면 바로 연락처에 등록되므로 무척 편리합니다. 명함 인식을 활용하여 개인 연락처를 쉽게 등록하는 방법과 관련된 개인 연락처를 연결하여 개인 정보를 관리하는 방법을 알아보겠습니다. 또한 특정 사진이나 문서를 프라이빗 모드에서 비밀 콘텐츠로 보관하는 방법까지 알아보겠습니다.

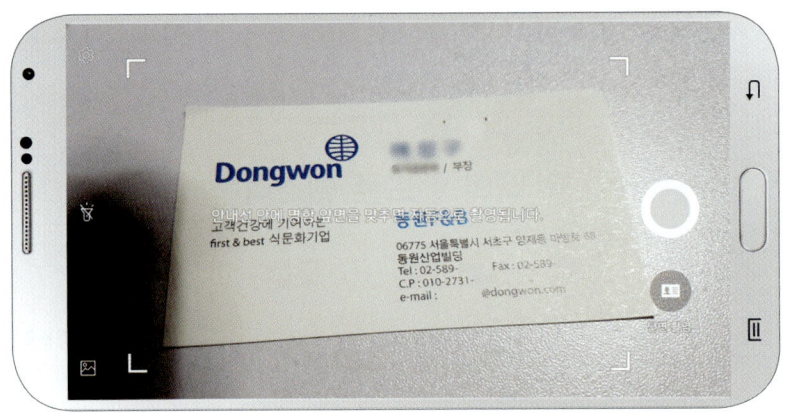

 무엇을 배울까요?

- ⋯ 계정별 연락처 등록
- ⋯ 연락처에 사진 등록
- ⋯ 연락처 연결 기능
- ⋯ '명함인식' 앱 설치하기
- ⋯ 명함 스캔하기
- ⋯ 명함 연락처에 등록하기
- ⋯ 프라이빗 모드 접근 방식 설정하기
- ⋯ 프라이빗 모드로 파일 이동/삭제
- ⋯ 프라이빗 모드 활성화/비활성화

개인 연락처 등록하기

01 홈 화면에서 [연락처(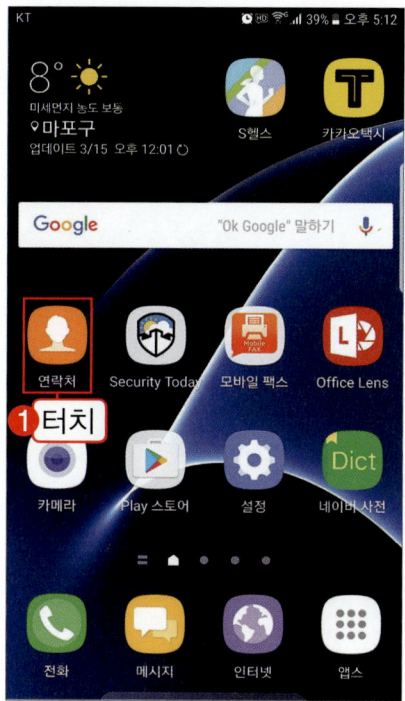)] 앱을 터치하여 실행한 후 를 터치합니다.

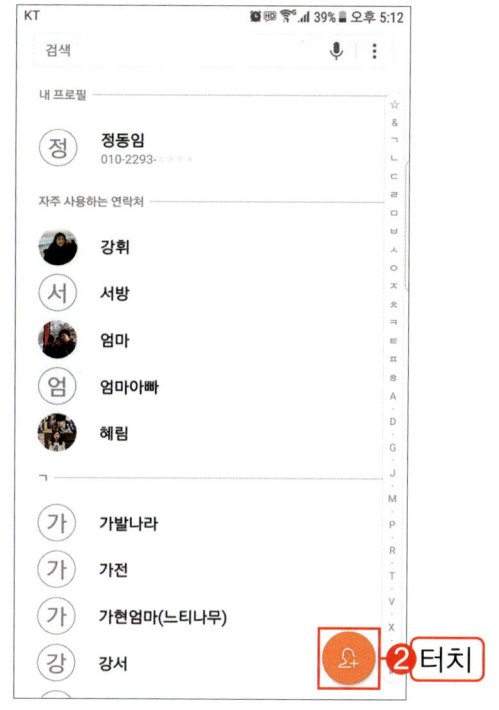

02 연락처의 계정을 설정하기 위해 상단의 ▼를 터치하여 [Google]을 선택합니다.

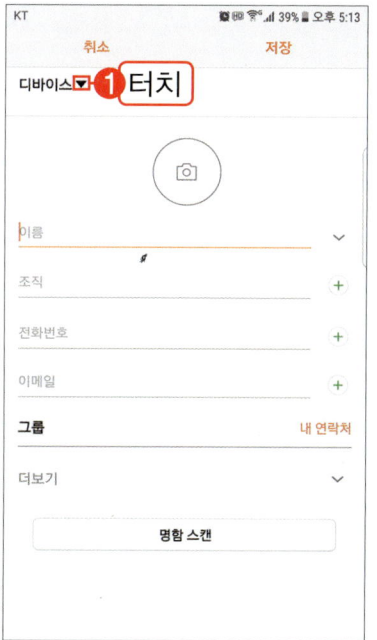
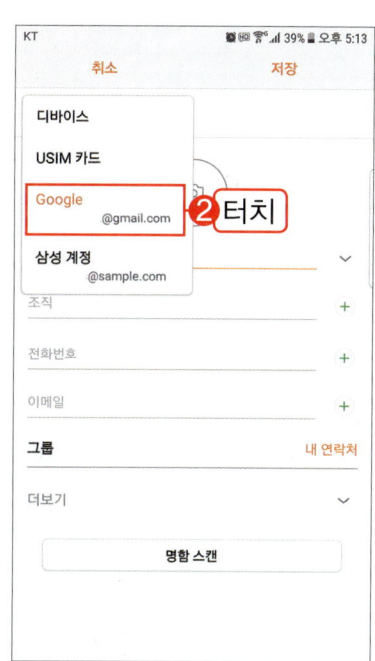

배움터

연락처의 계정을 설정해 두면 새 스마트폰으로 변경할 때도 계정 동기화만으로 연락처를 쉽게 옮길 수 있습니다.

03 이름, 회사, 직위, 전화번호, 이메일 등 연락처에 필요한 상대방의 **정보를 차례대로 입력**합니다. 상대방의 사진을 등록하기 위해 📷**를 터치한 후** 🖼**를 터치**합니다.

 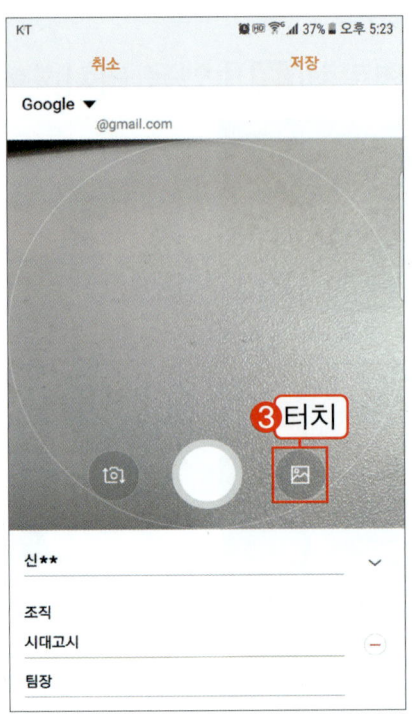

> **배움터**
> 연락처에 사진을 등록할 때 📷를 터치하면 직접 카메라로 사진을 찍어 등록할 수 있습니다.

04 갤러리에서 등록할 사진을 **선택**합니다. 사진 영역을 손으로 드래그하여 **동그라미 안으로 설정**한 후 **[완료]를 터치**하고 **[저장]을 터치**합니다.

05 상대방의 특징에 어울리는 사진을 등록한 후 상단 우측의 ⋮를 **터치**하고, **[연락처 연결]**을 **선택**합니다. 연결된 연락처가 나타나는데, 연결된 연락처 중 삭제할 연락처는 ⊖를 **터치**합니다.

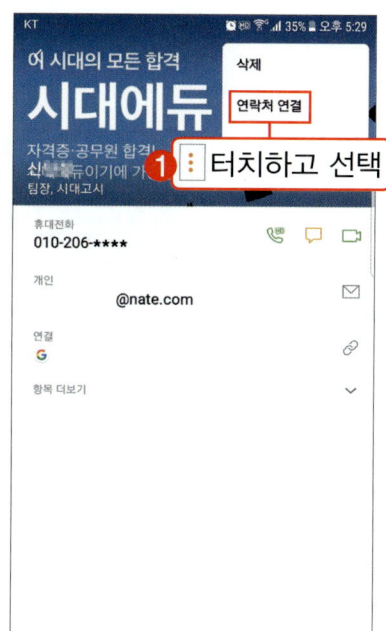 

> **배움터**
>
> 연결된 연락처 기능은 관련된 연락처끼리 연결해서 좀 더 쉽게 등록된 전화번호를 찾거나 할 때 사용합니다.

06 ⟨를 **터치**하여 이전 화면으로 되돌아간 후 상단 우측의 ⋮를 **터치**하여 **[대표 연락처 지정]**을 **선택**합니다.

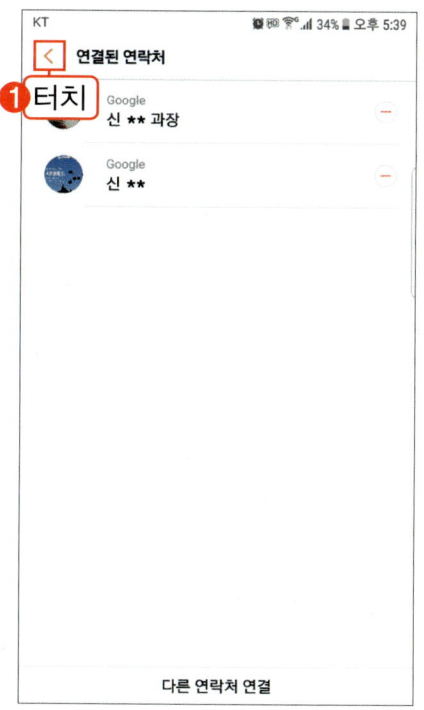 

07 연락처 사진, 이름, 전화번호, 이메일을 대표로 지정할 것을 각각 선택한 후 [완료]를 터치합니다.

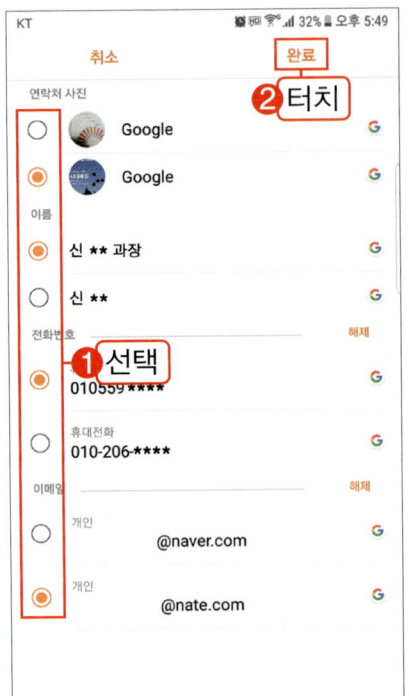 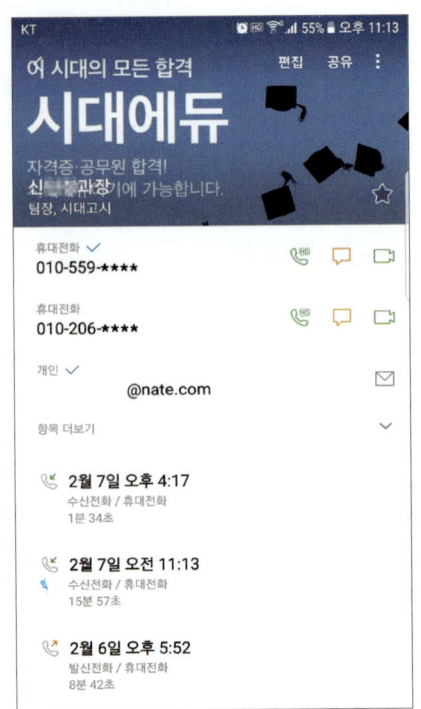

배움터 연락처 공유

개인 연락처를 공유하기 위해 개인 연락처 화면에서 [공유]를 터치한 후 연락처 공유 형식 중 [텍스트]를 선택합니다. 하단에 공유 앱이 나타나면 그 중 하나를 선택하는데, 카카오톡을 선택하면 연락처를 채팅 창에 텍스트로 보내 줍니다.

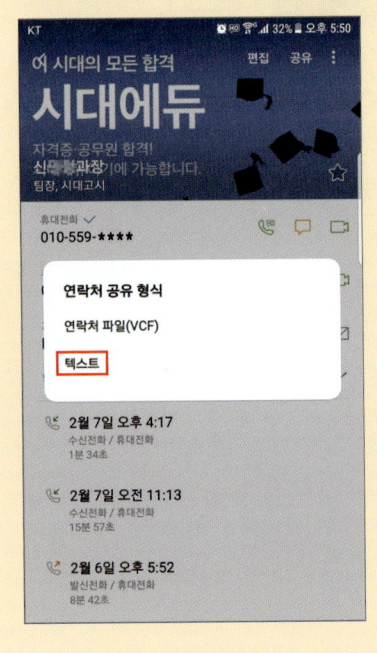 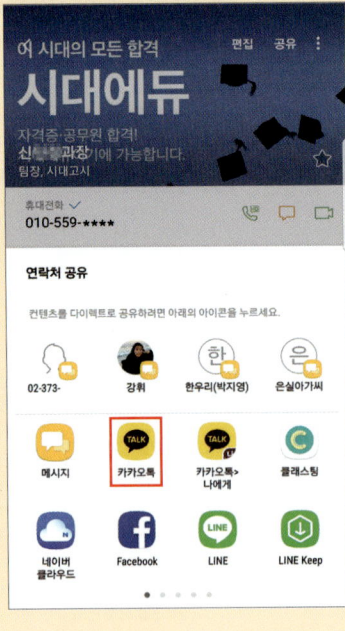 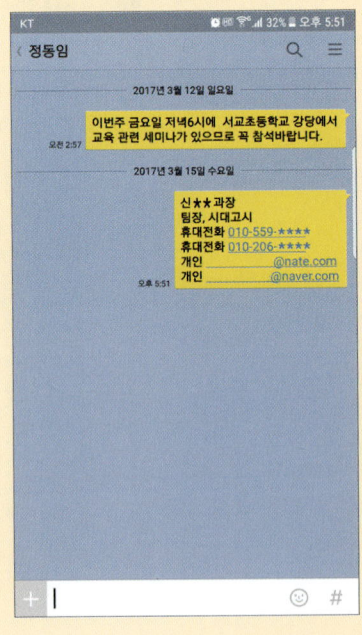

 ## 명함 관리하기

'명함인식' 앱 설치하기

01 홈 화면에서 [**연락처(****)**] **앱을 터치**하여 실행한 후 를 **터치**하여 연락처 추가 화면으로 이동합니다. 하단의 [**명함 스캔**] **단추를 터치**한 후, 명함 인식 앱을 다운로드하여 설치해야 한다는 알림 창이 나타나면 [**다운로드**]를 **터치**합니다.

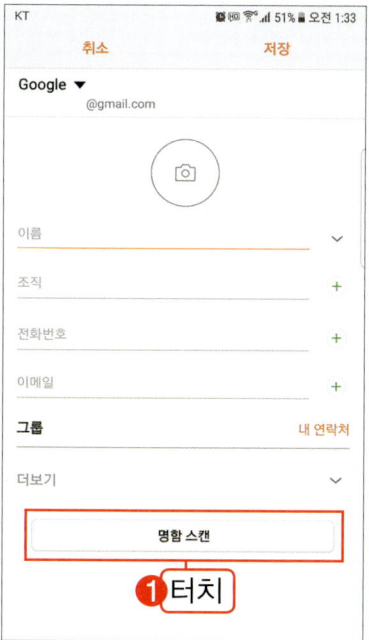 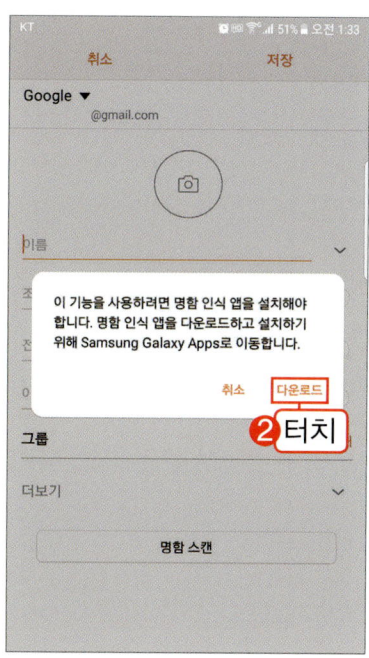

02 앱 설치 화면으로 바로 이동됩니다. [**설치**] **단추를 터치**하면 설치가 진행됩니다. [**실행**] **단추를 터치**하고 사진, 미디어 등에 허용 또는 동의를 요구하는 창이 나타나면 허용 또는 동의합니다.

명함 스캔하기

01 명함 인식 앱이 실행되면 를 **터치**합니다.

> **배움터**
>
> 명함 인식 앱이 설치되면 연락처 앱의 [명함 스캔]에서 바로 명함을 등록할 수 있습니다. 또한 스마트폰의 홈 화면에 [명함 인식( )] 앱 바로가기가 추가되어 터치하면 바로 명함을 등록할 수 있습니다.

02 카메라의 **안내선 안에 명함 앞면을 맞추면** 자동으로 명함이 촬영됩니다.

03 명함을 자동 인식해서 이름, 소속, 직위, 전화번호까지 입력되어 연락처에 나타납니다. **[저장]을 터치**하여 연락처에 저장합니다.

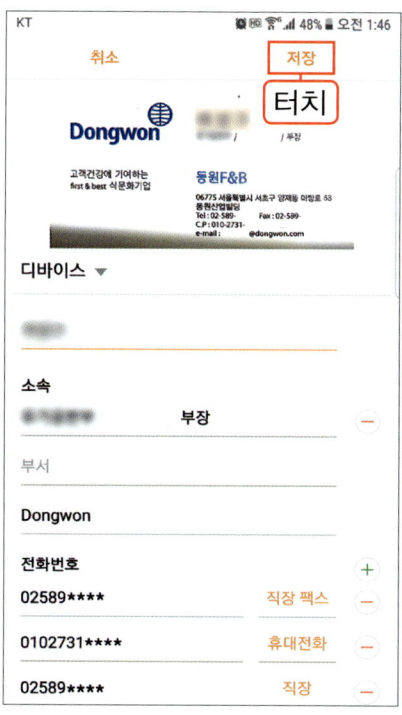 

배움터

스마트폰의 모델에 따라 혹은 삼성폰이 아닌 경우에 연락처 앱 안에 [명함 스캔] 단추가 없는 경우가 있습니다. 홈 화면에서 [Play 스토어(▶)] 앱을 터치한 후 검색 창에 '명함'이라고 입력하면 많은 명함 인식 앱이 검색됩니다. 그 중 하나를 선택하여 설치한 후에 같은 방법으로 명함을 연락처에 등록하여 사용할 수 있습니다.

03 프라이빗 모드로 콘텐츠 숨기기

프라이빗 모드 접근 방식 설정하기

01 홈 화면에서 [설정(⚙)] 앱을 터치하여 실행한 후 [잠금화면 및 보안]을 터치합니다. 프라이빗 모드를 사용하기 위해 [프라이빗 모드]를 터치합니다.

02 [사용 안 함]을 터치하여 [사용 중]으로 활성화한 다음 접근 방식을 설정하기 위해 [프라이빗 모드 접근 방식]을 터치합니다. 접근 방식 중에서 [비밀번호]를 터치합니다.

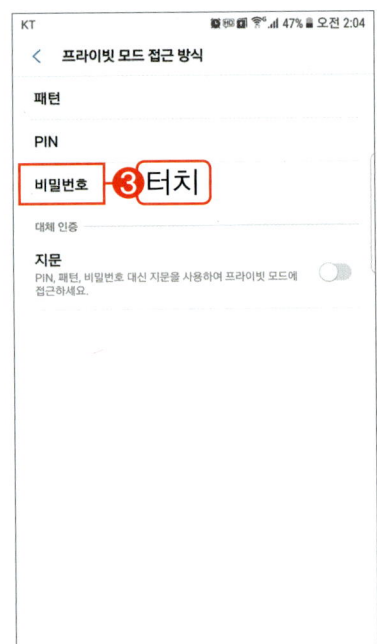

> **배움터**
>
> 프라이빗 모드를 사용하여 비밀로 하려는 콘텐츠를 숨길 수 있고 숨긴 콘텐츠는 프라이빗 모드 사용 중에만 보입니다.

03 1자 이상의 문자와 4자 이상의 문자 또는 숫자를 혼합하여 **비밀번호를 입력**한 후 [계속]을 터치합니다. **비밀번호를 한 번 더 입력**한 후 [확인]을 터치합니다.

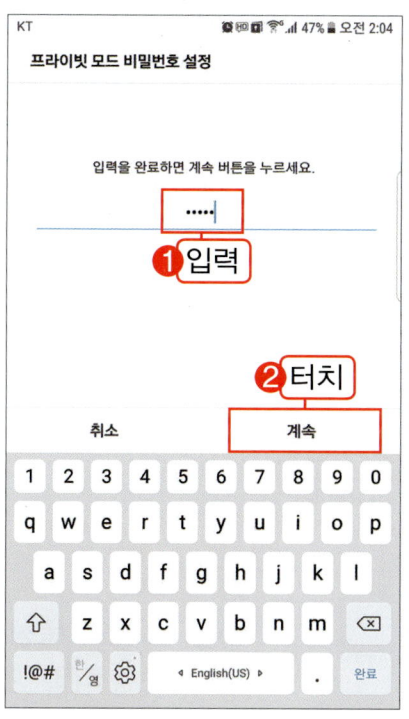 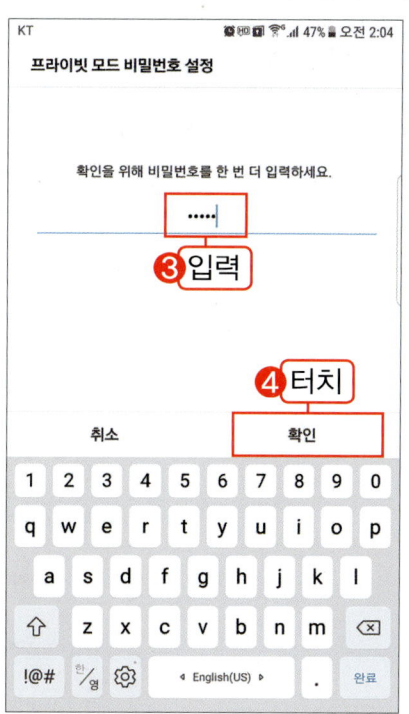

04 프라이빗 모드 접근 방식이 비밀번호로 설정된 것을 확인합니다. 평소에는 [사용 중]을 터치하여 **[사용 안 함] 모드로 설정**합니다.

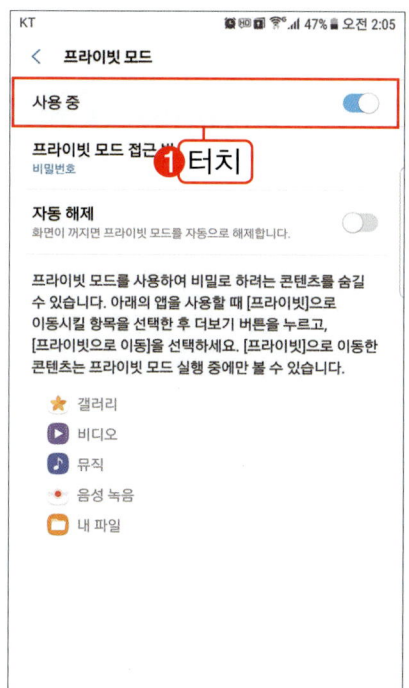 

프라이빗으로 콘텐츠 이동하여 숨기기

01 홈 화면에서 **[앱스]**를 **터치**한 후 **[삼성]**을 터치합니다. **[내 파일(📁)]** 앱을 터치한 후 카테고리에서 **[문서]**를 **터치**합니다. 프라이빗으로 이동할 문서 파일을 **길게 눌러서 선택**한 후 상단 우측의 ⋮를 **터치**하고, **[프라이빗으로 이동]**을 **선택**합니다.

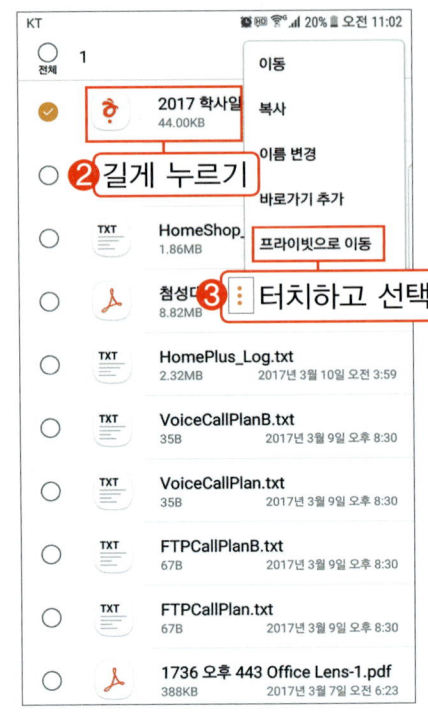

배움터

사진, 오디오, 음성, 동영상, 문서 파일 중 비밀로 지정하고 싶은 파일은 프라이빗으로 이동시킬 수 있습니다.

02 하단에 프라이빗 모드 비밀번호 입력 창이 나타나면 설정 시 입력했던 **비밀번호를 입력**한 후 **[완료]**를 **터치**합니다. 그러면 해당 문서가 프라이빗으로 이동되고 해당 문서는 볼 수 없습니다.

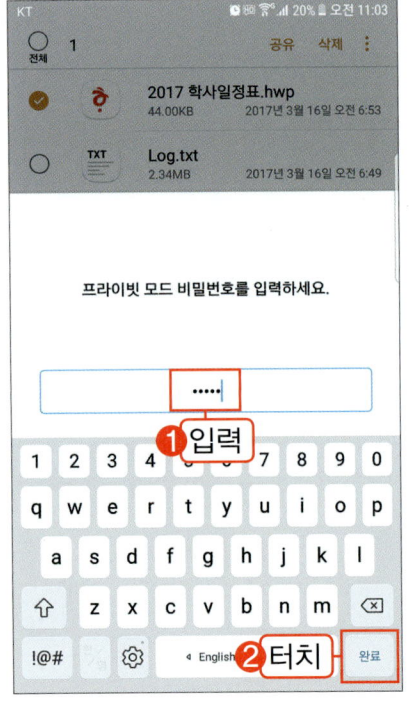
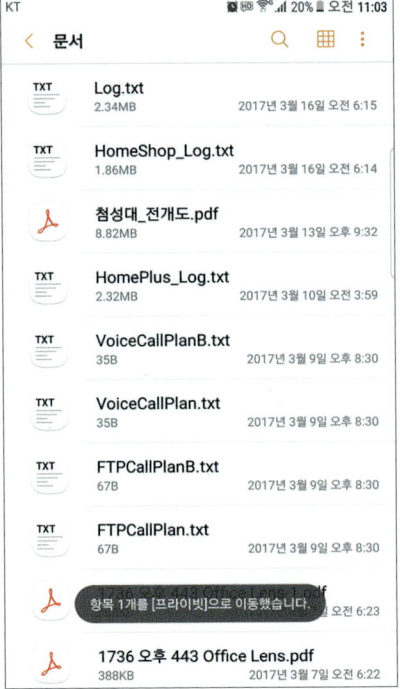

배움터

프라이빗 접근 방식을 비밀번호로 설정했기 때문에 비밀번호 입력 창이 나타났지만, 다른 방식을 선택한 경우에는 패턴, PIN, 지문 입력 방식이 나타날 수 있습니다.

프라이빗 콘텐츠 열람하기

01 프라이빗으로 이동하여 비밀 문서화했던 문서를 다시 읽어야 할 때 프라이빗 모드를 실행해야 합니다. **상단바를 손으로 드래그**하여 아래로 내린 다음 **[프라이빗 모드]를 선택**합니다.

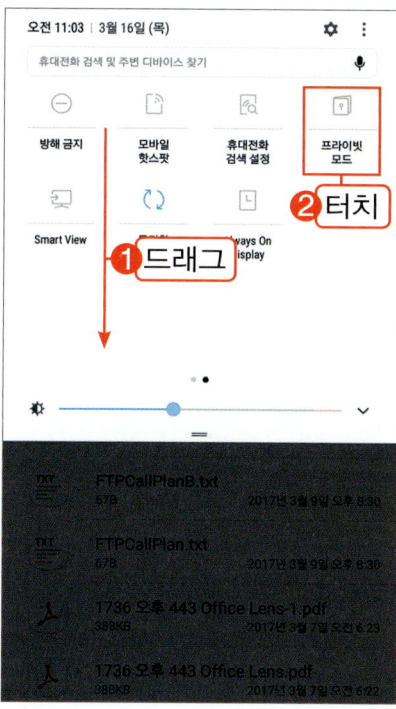

02 다시 프라이빗 모드 비밀번호 입력 창이 나타나면 **비밀번호를 입력**하고 **[완료]를 터치**합니다. 비밀 문서가 표시되고, 프라이빗(🔒) 아이콘이 표시됩니다.

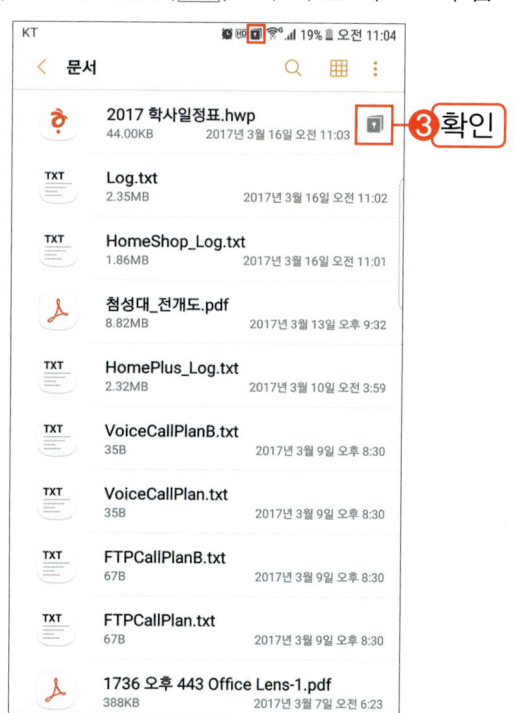

03 ◁를 **터치**하여 내 파일 홈 화면으로 이동하면 로컬 저장공간에 [프라이빗]이 표시됩니다. **[프라이빗]을 터치**하면 프라이빗에 보관되어 있는 비밀 파일들을 볼 수 있습니다.

프라이빗 콘텐츠 설정 해제하기

01 프라이빗에서 삭제할 **파일을 길게 눌러서 선택**한 후 ⋮를 **터치**하고, **[프라이빗에서 삭제]를 선택**합니다. 하단에 이동 위치 창이 나타나면 본래 파일이 있었던 **폴더를 지정**한 후 **[완료]를 터치**합니다.

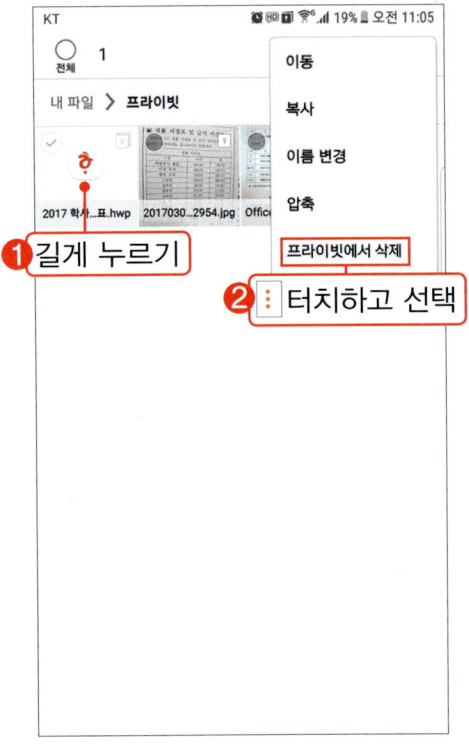
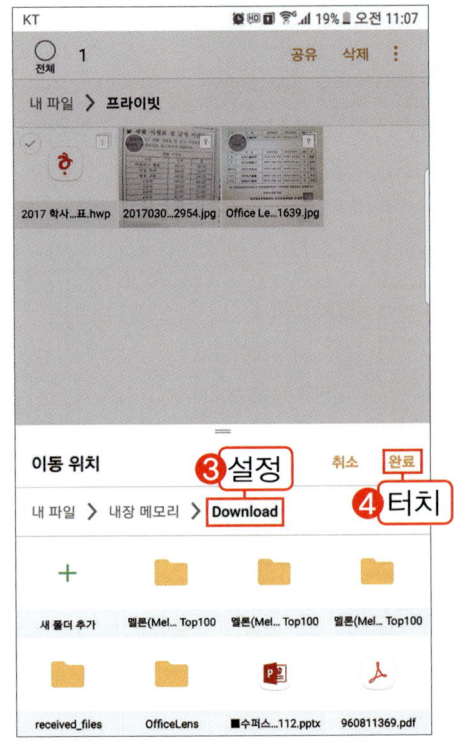

02 프라이빗에서 삭제되면서 이제 아무 때나 볼 수 있는 파일로 변경됩니다. 프라이빗(🔒) 아이콘도 사라졌고, 다시 프라이빗 저장 공간을 열어 보면 해당 파일이 이동된 것을 확인할 수 있습니다.

03 **상단바를 손으로 드래그**하여 아래로 내린 다음 **[프라이빗 모드]를 선택**하여 프라이빗 모드를 비활성화합니다. 그러면 프라이빗 콘텐츠를 숨긴다는 메시지가 나타나고, 상단 알림 영역의 프라이빗(🔒) 아이콘도 사라집니다.

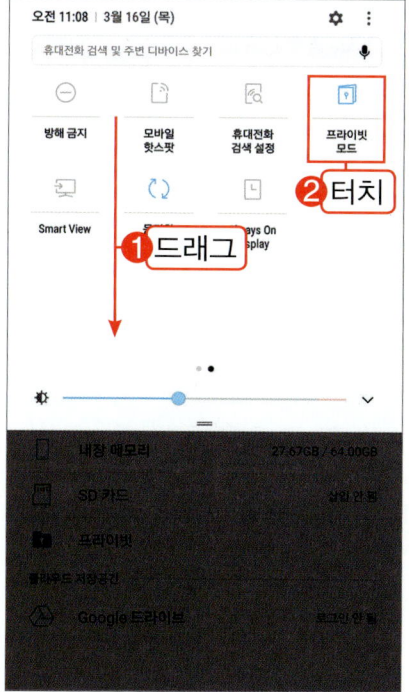 

1 다음 그림처럼 개인 연락처를 유심(USIM) 카드에 저장해 봅니다.

2 프라이빗 모드의 접근 방식을 패턴으로 설정하고, 음성을 녹음한 후에 프라이빗으로 이동시켜 비밀 콘텐츠로 만들어 봅니다.

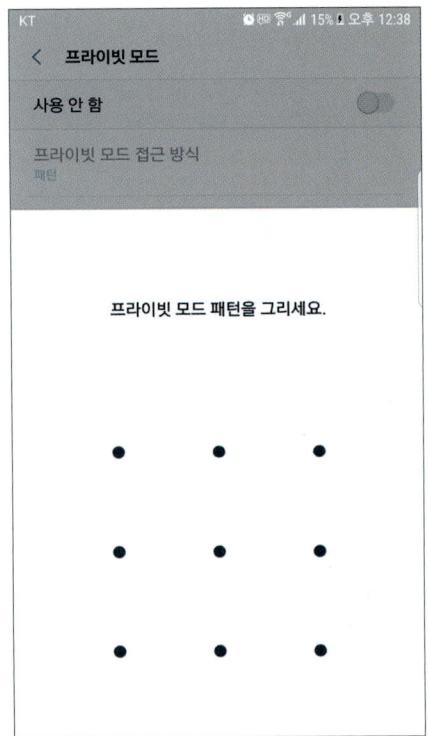